# 织里之治

——全面小康后社会治理密码

南太湖社会治理研究院　编著

中国农业出版社
农村读物出版社
北　京

在湖州看见美丽中国，在织里感受美好生活

2019年11月18日，"中国治理的世界意义"国际论坛在织里举行，
来自近20个国家200余位智库专家实地调研织里社会治理之路

织里位于烟波浩渺的太湖南岸，因织造业兴盛而得名，历史上"遍闻机杼声"，如今已成为中国"童装之都"

"绣花功夫"经营城市，"一针一线"织就美好生活

织里是中国是实力百强镇，童装作为当地的富民产业，占据了 50% 国内市场份额，"时装看巴黎，童装看织里"成为业界共识

中国童装学院占地面积8.7万平方米，设服装设计与工艺、时装零售与营销、电子商务、会计学等专业，将建成国内一流、国际有影响力的童装人才培养基地

织里是童装设计、制造、发布的中心

织里童装已完全融入互联网，线上、线下一体化销售

"绿水青山就是金山银山"，织里已走上一条经济建设与生态保护并举的高质量发展之路

织里有着厚重的文化积淀。又称古村跨越千年，不仅是太湖七十二溇港古代水利工程中的重要节点，更被誉为"溇港文化带"里的明珠

建成于2003年的织里科技文化中心，已成为最受老百姓欢迎的广场。新的文体中心也即将在2020年底投入使用，将成为织里的又一地标性建筑

发展依靠人民，发展为了人民。近年来织里加大民生投入。2019年投资8亿元兴建吴兴人民医院，总建筑面积达8.9万平方米，规划床位900张，已实现7省医保异地结算

织里社会矛盾纠纷调处化解中心
云村社区党群服务中心
卫士之家
代表委员之家
南太湖社会治理研究院
证证
劳动仲裁庭
社会治理综合服务中心
社会治理展示馆
湖州东部新城投资发展集团有限公司

　　织里抓经济不忽略社会治理。在全面实现小康后，社会治理也迈向了现代化。这是织里社会矛盾纠纷调处化解中心

2019年11月，南太湖社会治理研究院在织里成立，这是全国首家专门从事基层社会治理研究的智库机构

# 序言一

　　朋友 5 月 9 日发来短信，希望我为《织里之治——全面小康后社会治理密码》这本书作序。尽管这段时间我的写作任务十分繁重，但还是答应了。没有想到，11 日上午就来催稿，我只得放下手头的工作，赶写了这篇序言。

　　为什么你那么忙，还要为这本书作序呢？有人不解。是的，我开始是想婉拒的，主要理由就是没有时间。但有两个因素迫使我放弃了婉拒的念头。一个原因是，去年 11 月 17 日下午我曾经去浙江省湖州市吴兴区的织里镇参加过由国务院新闻办、新华社、浙江省人民政府在那里主办的"中国治理的世界意义"国际论坛，并在 18 日上午作过一个演讲，而这本书的内容就是那次国际论坛大家集中谈论的话题。另一个原因是，我对湖州的印象相当好。习近平总书记是在这里提出"绿水青山就是金山银山"这一重要论断的。这里是中国的桑蚕之乡，只要有人提到湖州，我的脑海里就会出现一个旋律"6－56－12－3－5－6－"，这是 20 世纪 60 年代电影《蚕花姑娘》主题曲的旋律。2007 年我去湖州考察时，还在一个小饭店里听当地人唱过《蚕花姑娘心向党》这首主题曲。那年我带队去考察湖州，带的是中央马克思主义理论研究和建设工程的专家。我们从安徽进入浙北湖州，居然看到那里的乡村已经实现了垃圾分类，而这在当时我居住的北京还做不到，老专家们和我一样都在惊讶中充满了钦佩。讲到湖州，我有许许多多见闻和故事。而去年之所以在这里举办国际论坛，更是因为织里的社会治理经验享誉世界。也就是说，我今天要写这篇序言，心头有这样的冲动。

　　当然，冲动不是理性。最重要的是，织里的经济社会建设特别是社会治理的经验确实值得我们总结和学习。《织里之治——全面小康后社会治理密码》这本书，做的就是总结和学习的工作。全书共四个部分，第一部分以"'中国之治'缩微版"为题总结了织里的成功经验及其对全局的贡献和世界意义，后面三个部分分别以"高质量发展模范生""社会治理先行地""美好生活试验区"为题，系统梳理了织里在推动经济发展、社会建设和提高人民生活水平方面进行的探索及其取得的经验。这本书汇集的研究成果，是在大量调查研究基础上形成的，总结的经验不仅有可信的权威性，而且有可读的生动性。在这里，我不想浪费大家的时间，再重复书中讲的故事和总结的经验。相信大家读了以后，和我一样会有良好感觉。

我感到，织里创造的社会建设和社会治理的经验，如果从世界现代化的视角来考察，它回答了一个很大的问题：一个小商品经济占主要地位的地区，在向现代化转型过程中，怎样实现经济发展和社会治理协同推进。

传统的织里，小农经济占很大比重，但在全国解放前小商品经济所占比重已经越来越大。"织里"这个地名告诉我们，这里是因织造业兴盛而得名。"户户皆绣机，遍闻机抒声"的诗句描写的就是这里的手工织造业。这些手工织品有自给自足的部分，但更多的是作为小商品用于商品交换，不然不可能名声在外。也就是说，这里既不是内地许多农村那样是典型的小农经济社会，也不是像传统的上海那样已经有中小工商业发展的市民社会，而是小商品经济社会。小商品经济在本质上还是小生产，但已经具有商品生产和商品交换的特点。这些特点不仅体现在经济活动中，而且体现在社会生活和人际交往中。在中国走向现代化进程中，尤其是在通过发展社会主义市场经济走向现代化进程中，具有这种经济和社会特点的地区，要比典型的小农经济地区更容易接受商品化、市场化、全球化。织里的"童装产业转型传奇"不是偶然发生的，说是"无中生有"，实为"蚕的蜕变"。与此同时，小商品经济带来的人性上的负面特点，又会成为社会治理的难点。许多具有类似特点的发展中国家，在现代化进程中都面临这样的难题。

好在中国是社会主义国家，有中国共产党的正确领导，特别是习近平总书记对湖州的工作一直十分关心，在浙江工作期间多次到湖州视察指导，要求湖州正确处理好经济发展和社会发展的关系，把构建和谐社会、建设幸福家园作为必然要求；党的十八大以来，习近平总书记多次对湖州工作作出重要指示。这些都是湖州人的宝贵精神财富。我多次来湖州，包括在这里参加过"两山"理论研讨会，深深感受到，这里的人对习近平总书记的指示和要求发自内心地拥护。去年参加"中国治理的世界意义"国际论坛，又一次感受到湖州人、织里人，对习近平总书记关于基层社会治理的要求和指示，都能够烂熟于胸，自觉践行。

正因为这里的人是以创新理论为主心骨的，因此遇到现代化进程中的难题，敢于进行理性的而不是盲目的探索。他们既不因发展经济而忽视社会治理，也不因加强社会治理而影响经济发展；而是以产业转型带动城市转型，以社会转型推进乡村转型，并在政府转型中保障各个方面向现代化社会有序转型。特别是在这样的历史性转型中，织里人一手抓经济高质量发展，一手抓社会治理现代化，创造了许多好经验。比如成立织南矛盾纠纷调解中心，采用"4＋N"的工作机制，整合公安、劳动保障、综治信访、法律咨询等职能部门，并邀请各类社会力量参与调解工作，实现了矛盾纠纷调解的"一站式"服务。又比如织里镇打造"1个多元矛盾纠纷调委会＋2个调解中心＋6个二级街道调委会＋51个村居调委会＋社会组织参与"的多层次调解组织网络。同时，他们还让司法、综治、公安、信访、劳动保障、法庭等多部门联动，探索警调联合、访调联合、劳动纠纷快速处理等集于一体的矛盾纠纷多元化解机制。这些经验，一突出"联"（联合），二突出"群"（群众参与），三突出"基"（功夫用在基层），读了感到很实用。总的来说，就是以基层党的建设为引领，把基层自治和法治、德治有机结合起来，形成了基层治理的良性循环，给人民群众带来了美好生活。

当然，织里的经验可以分为两个部分，一部分是适合当地实际情况的具有特殊意义的经验，另一部分是各个地方都可以学习的具有普遍意义的经验。

最重要的是，如同我在前面说过的，织里的经验回答和解决了许多发展中国家面临的，一个小商品经济占主要地位的地区，在向现代化转型过程中，怎样实现经济发展和社会治理协同推进的问题。正如许多人所说的，"织里之治"具有中国特色、世界意义。我在织里召开的"中国治理的世界意义"国际论坛上说过，我们中国向世界贡献了一种非西方化的国家制度和治理体系。"织里之治"，可以说是这一"非西方化的国家制度和治理体系"一个十分生动的好样本。

中共中央党校原副校长 李君如

北京昆玉河畔得心斋

2020 年 5 月 12 日夜

# 序言二

2020 年，我国将全面建成小康社会。落实十九届四中全会提出的实现治理体系和治理能力现代化的目标，实现小康之治，既是理论问题，也是社会关心的重大实践问题。

基层社会治理是国家治理体系的重要组成部分。让老百姓遇到问题能有地方"找个说法"，把矛盾解决在萌芽状态、化解在基层，关乎社会和谐稳定。2020 年 3 月 30 日，习近平总书记到浙江湖州调研基层社会治理，还专程了解社会矛盾纠纷调处化解中心运行情况。

织里是湖州基层社会治理方面涌现的典型。改革开放之后，织里产生过摆脱贫困的"成长烦恼"，经历过由贫到富的"发展困惑"，积累了由乱到治的"织里经验"。在率先全面建成小康社会后，更是承担起了"后小康时代"探索社会治理、建设美好生活先行先试任务。

作为"童装之都"，织里市场化程度高、民营经济发达、流动人口多，集聚了 30 多万新居民，是本地人口的 3 倍多。近年来，织里在创新社会治理方面探索出了许多"织里经验"，他们转变观念、创新治理，用"绣花功夫"破解治理难点，用"智慧织里"赋能创新治理，用"多元共治"激活"一池春水"，把一个环境差、秩序乱的"大工厂"转变为和谐稳定、富裕文明、百姓安居的产业新城，打造了基层治理的"织里样板"，实现了从一个小镇到"童装之都"的华丽蝶变，为全面建成小康社会后的社会治理积累了经验。

2019 年 11 月，我参加了在织里举办的"中国治理的世界意义"国际论坛。在论坛上，中外智库专家经过实地调研、访谈，高度认可织里的社会治理体系和治理能力，认为织里的社会治理经验和建设美好生活的探索，使"习近平总书记治国理政思想在基层得到了落实",是"'中国之治'的典型代表,是未来中国全面建成小康社会后社会治理的典范。"

本书系统剖析社会治理"织里样本",总结织里实现基层治理体系现代化、提升基层社会治理能力的改革探索,为"后小康时代"全国基层社会治理提供经验借鉴。本书分"中国之治"缩微版、高质量发展模范生、社会治理先行地、美好生活试验区等部分,提供大量一线生动实践案例,为更深入的学术理论研究积累了鲜活素材。

社会治理的问题最终是人的问题。中国有 5 000 年的文明史,最早的关于治国理政的典籍资料产生就有 3 000 年之久。虽然沧海桑田,时过境迁,每个时代面临的具体问题都会有区别,但社会治理方法都源于中华优秀传统文化,植根于中国基层实践,因为解决中国的问题只能在中国的大地上探寻适合自己的道路和办法。从这一点而言,织里的社会治理经验和探索,弘扬历史传统、厚植文化积淀、符合中国国情,对"后小康时代"的基层社会治理具有重要参考价值。

浙江大学原党委副书记
中国西部发展研究院院长　　周谷平

2020 年 5 月 13 日

# 目录

目 录

# "中国之治"微缩版

航拍织里　　　带你去织里

## 一、中国治理的优越性、生命力和世界意义

在第八届世界中国学论坛上，一位外国外交官以切身体会说道："比起经济上的成就，让我印象很深的是，中国有一套先进的制度。"党的十九届四中全会指出："新中国成立七十年来，我们党领导人民创造了世所罕见的经济快速发展奇迹和社会长期稳定奇迹。"这两大世所罕见的奇迹，不是谁恩赐的，是勤劳聪明的中国人民创造的，是中国人民在具有强大生命力和巨大优越性的中国制度和治理体系下创造的。与此同时，我们也可以体会到，中国奇迹及其背后的中国治理为世界特别是发展中国家做出了独特的贡献。

### （一）中国制度和治理体系具有巨大的优越性

新中国成立以来，特别是改革开放以来，我们已经建立了一个成体系的中国特色社会主义制度。党的十八届三中全会提出要完善和发展中国特色社会主义制度，推进国家治理体系和治理能力现代化以来，进一步构建了一个中国共产党实行全面领导的民主集中型的国家治理体系。这一制度和治理体系的优越性十分明显。党的十九届四中全会通过的《中共中央关于坚持和完善中国特色社会主义制度　推进国家治理体系和治理能力现代化的若干重大问题的决定》全面而又精辟地概括了我国的国家制度和治理体系具有 13 个方面的"显著优势"。

这种优越性，首先体现在制度的"中国特色"4 个字上。世界上各个国家的制度，林林总总，丰富多样。中国的制度有中国的背景、中国的特色。

我们建立的中国特色制度，包括人民民主专政的国体和一整套相互衔接、相互联系的国家制度体系，以及新型政党制度，都是在中国自己独特的实践中形成的。改革开放以来，我们又从中国实际出发，在建立社会主义市场经济体制过程中形成了公有制为主体、多种所有制经济共同发展的基本经济制度，健全了社会主义协商民主制度，完善了社会主义文化体制、社会体制、生态文明体制，并在"民主要制度化、法律化"和"依法治国"原则下建立健全了中国特色社会主义法律体系。党的十八大以来，我们又在完善和发展中国特色社会主义制度的进程中推进现代化的国家治理体系和治理能力建设。这一国家治理体系，就是中国共产党领导下管理国家的制度体系，包括经济、政治、文化、社会、生态文明和党的建设等各领域体制机制、法律法规安排，也就是一整套紧密相连、相互协调的国家制度。我们常说："草鞋无样，边打边像。""鞋子合不合脚，自己穿了才知道。"中国特色社会主义制度就是这样，是植根于中国大地，深得人民拥护的制度和治理体系。讲优越性，这是最基本的优越性。

这种优越性，更是体现在制度的"民主性"上。我们的民主是人民民主。我们讲要保证和支持人民当家做主，不是一句口号，更不是一句空话。因为，我们实行的民主有两种形式：选举民主和协商民主。选举民主，解决的是领导人怎么由人民或人民代表选出来的问题；协商民主，解决的是领导人在决策之前和决策之中怎么充分听取人民群众意见的问题。这两种民主形式结合起来，就是全过程的民主。这在世界上是独一无二的。习近平总书记说过："人民只有投票的权利而没有广泛参与的权利，人民只有在投票时被唤醒、投票后就进入休眠期，这样的民主是形式主义的。"他还说："实现民主的形式是丰富多样的，不能拘泥于刻板的模式，更不能说只有一种放之四海而皆准的评判标准。人民是否享有民主权利，要看人民是否在选举时有投票的权利，也要看人民在日常政治生活中是否有持续参与的权利；要看人民有没有进行民主选举的权利，也要看人民有没有进行民主决策、民主管理、民主监督的权利。"需要指出的是，协商民主，是中国社会主义民主政治中独特的、独有的、独到的民主形式。党的十八大以来，我们在全面深化改革中已经建立了包括政党协商、人大协商、政府协商、政协协商、人民团体协商、基层协商以及社会组织协商等广泛多层制度化的社会主义协商民主体系。这对于完善中国特色社会主义民主政治发挥了很大的作用。

这种优越性，还集中体现在制度的"有效性"上。习近平总书记曾经高度概括地指出，中国特色社会主义制度具有"四个有效性"。这就是：①能够有效保证人民享有更加广泛、更加充实的权利和自由，保证人民广泛参加国家治理和社会治理；②能够有效调节国家政治关系，发展充满活力的政党关系、民族关系、宗教关系、阶层关系、海内外同胞关系，增强民族凝聚力，形成安定团结的政治局面；③能够集中力量办大事，有效促进社会生产力解放和发展，促进现代化建设各项事业，促进人民生活质量和水平不断提高；④能够有效维护国家独立自主，有力维护国家主权、安全、发展利益，维护中国人民和中华民族的福祉。归根到底，这是能够持续推动中国进步和发展、确保中华民族实现"两个一百年"奋斗目标进而实现伟大复兴的制度和治理体系。

### （二）中国制度和治理体系具有强大的生命力

新中国 70 年历程，是创造辉煌的 70 年，也是风雨兼程的 70 年，是在风雨兼程中创造辉煌的 70 年。我们说中国特色社会主义的制度和治理体系具有巨大优越性，还因为这一制度和治理体系具有强大生命力。

这种生命力，不仅集中体现在新中国 70 年来，在持续奋斗中取得的历史性进步和成就上，不仅体现在新中国面对来自国内外风云变幻的挑战依然巍然挺拔、"红旗不倒"上，还深刻地体现在新中国具有内在的青春活力，能够顺应时代发展的进步潮流，不断自我更新、与时俱进上。可以说，"千磨万击还坚劲，任尔东西南北风"是中国特色社会主义制度和治理体系强大生命力的生动写照。

更为重要的是，这种生命力之所以有"生命"之活力，是因为它具有形成强大生命力的根本源泉、根本政治保证、根本思想路线、根本组织原则以及干部制度：

人民，是中国特色社会主义制度和治理体系具有强大生命力的根本源泉。新中国是人民当家做主的国家。在新中国成立之初，毛泽东就明确指出："我们是人民民主专政，各级政府都要加上'人民'二字，各级政权机关都要加上'人民'二字。"毛泽东强调这一点，既指出我们国家的性质是和蒋介石政权完全不同的人民当家做主的国家，又提醒我们党的各级干部决不能忘记"人民，只有人民，才是创造世界历史的动力"这一历史唯物主义的基本道理。对于已经是国家主人而不再是奴隶的人民来说，更是具有无穷无尽的创造性和生机活力的社会群体。因此，人民是新中国历尽坎坷而不断发展、越来越强大的根本源泉；人民是在解放思想、改革开放中开辟中国特色社会主义道路，创造中华民族伟大复兴奇迹的根本源泉。正如习近平总书记在 2019 年新年贺词总结新中国成立 70 周年的经验时深刻地指出的："人民是共和国的坚实根基，人民是我们执政的最大底气。"

党的领导，是中国特色社会主义制度和治理体系具有强大生命力的根本政治保证。我们讲人民的地位和作用，讲的是"应然性"。在没有接受中国共产党领导之前，中国人民曾经是一盘散沙。中国共产党一诞生就成为广大中国人民的主心骨、领导者和组织者。这是因为中国共产党不是西方政党那样仅仅代表一部分人（part）的政党，而是除了中国工人阶级和最广大人民群众的利益外，没有自己特殊利益的新型政党。尤其是，中国共产党在掌握全国政权前，清醒地认识到国家权力是一把双刃剑，既可以用来为人民谋利益，又会诱使干部用来为自己牟私利。因此，新中国成立后，特别是改革开放以来，中国共产党比战争年代更重视党的建设，更重视党的作风建设、群众路线建设和反腐倡廉建设，以自我革命的实际行动赢得人民群众的信赖、拥护和支持。与此同时，中国共产党在成为执政党后不断提高自己的执政能力，特别是科学决策能力、社会动员能力、国家组织能力、危机化解能力，并把创新作为国家发展的不竭动力。正是中国共产党这种兼有科学性和民主性的领导力、执政力，激发、维系和保障了中国最广大中国人民的积极性、创造性和主动性，从而使得我们的制度和治理体系具有强大的生命力。因此，我们经常讲党的领导是中国特色社会主义最本质的特征和最大优势。

实事求是，是中国特色社会主义制度和治理体系具有强大生命力的根本思想路线。中国特色社会主义制度是中国共产党在伟大的社会主义实践中创造出来的。实践是主体能动地改造客体的物质活动。它既会受到实践条件的制约，受到事物客观过程的发展及其表现程度的限制，也会受到实践主体的指导思想和认识能力的影响。因此，同任何实践活动一样，中国共产党领导的社会主义实践有成功，也有失误。但是由于中国共产党在长期的革命、建设和改革进程中，经过千锤百炼，已经形成了"实事求是"这一根本思想路线，因此既能够以实践为基础制定正确路线，又能够以实践为标准纠正自己工作中的错误，还能够在不断发展的实践中与时俱进，开拓进取，开创一个又一个新天地。也就是说，中国特色社会主义制度和治理体系的生命力，归根到底，来自于中国共产党在社会主义实践中始终不渝坚持的实事求是这一根本思想路线。

民主集中制，是中国特色社会主义制度和治理体系具有强大生命力的根本组织原则。民主集中制本来是中国共产党的组织原则。在中国共产党成为执政党后，特别是在领导社会主义建设的进程中，越来越认识到，民主集中制也是社会主义国家的根本组织原则，是社会主义制度一个不可分割的组成部分。毛泽东提出，我们的目标，是想造成一个又有集中又有民主，又有纪律又有自由，又有统一意志、又有个人心情舒畅、生动活泼，那样一种政治局面。党的十八届三中全会以来，我们以完善和发展中国特色社会主义制度、推进国家治理体系和治理能力现代化为全面深化改革的总目标，对在党政职能分开、政企分开、政社分开过程中形成的执政党、政权机构、市场经济组织和社会等各个元素进行科学整合，并按照党对一切工作全面领导的原则大力推进机构改革，形成了既不同于自由主义又不同于新权威主义的民主集中型国家治理体系。这样的制度和治理体系，既充分发扬了民主，又能够形成集中的而不是分散的决策，并能够按照统筹兼顾的原则调节好各种利益关系。与此同时，民主集中制也是选拔干部的根本组织原则，能够保证我们按照德才兼备的要求选好干部、用好干部，并保证我们的干部队伍既有革命化的政治素养，又有专业化的能力和年轻化的特点，从而使得我们的制度和事业永远保持生机勃勃的活力。

### （三）中国向世界贡献了一种非西方化的国家制度和治理体系

中国特色社会主义制度及其治理体系，是在中国特色社会主义道路的探索中形成的。这条道路具有丰富的内涵，从其承担的现代化使命及其同世界的关系来看，实际上是一条非西方化的现代化之路。它告诉了世界特别是那些正在为实现现代化而努力的广大发展中国家，实现现代化并非只有西方化一条道路；建设现代化的国家制度并非西方化一种制度。这是中国治理对世界的最大贡献。

这条道路，这个制度，之所以说是"非西方化的现代化"，简单地说，就是中国在现代化进程中既借鉴了世界各国现代化的经验，但又没有照抄照搬西方的现代化模式。

毫无疑问，中国在改革开放中认真地学习和借鉴了世界各国包括西方发达国家的现代化经验。我们从来没有否定过这一点。但是，学习借鉴的目的不是要搞资本主义，而是要为我所用，建设中国特色社会主义。我们也从来没有隐瞒过这一点。国际社会近几年有一种舆论，说中国的市场经济是国家资本主义经济，中国的成功不是社会主义的成功，而是资本主义的成功。这种说法，不仅把市场经济等同于资本主义经济，而且完全混淆了社会主义市场经济与国家资本主义、中国特色社会主义与资本主义的根本区别。中国在社会主义发展历史上搞过国家资本主义经济，那就是从新中国成立到1956年社会主义改造基本完成这段历史时期。现在中国的经济是社会主义市场经济，借鉴了世界各国特别是资本主义国家反映现代社会化生产规律的经济形式，但又有中国自己的特点。最大的特点，是由党来驾驭社会主义市场经济的发展。这和国家资本主义完全不同。在中国经济社会发展过程中，有一个既代表中国最广大人民的根本利益，又能够总揽全局、协调各方利益的中国共产党。包括政府与市场的关系，也是由党来统筹协调的。中国非西方化现代化道路的最大秘密或最大特点，就是中国共产党的领导。

重要的是，中国不仅创造性地开辟了中国特色社会主义这条非西方化现代化道路,成功地引领中国快速地向现代化的宏大目标挺进,而且建立了非西方化的国家制度和治理体系,创造了一系列可以让广大发展中国家乃至于世界分享的现代化制度和治理体系建设经验。这些经验是中国共产党人历尽艰辛甚至付出很大代价获得的,弥足珍贵。这方面经验大体上有两类:一类是中国共产党创造的独特的制度设计,比如中国共产党对一切工作实行全面领导的制度;另一类是中国共产党在发展中积累的可以和世界特别是广大发展中国家分享的经验。后者至少包括以下 10 个方面:

第一,制定经济社会发展规划制度。中国共产党在现代化进程中既制定了分步走实现现代化的发展战略,又从实际出发制定了实现发展战略的经济社会发展的"五年规划"和年度计划。

第二,市场经济制度。中国共产党在社会主义市场经济制度设计中,始终坚持把发展公有制经济和鼓励引导发展非公有制经济结合起来,把市场这只"看不见的手"和政府这只"看得见的手"结合起来,注意克服自由放任型市场经济的弊端。

第三,充分就业制度。中国共产党在经济快速发展过程中,在创造更多就业岗位的同时,实施就业优先政策,健全公共就业服务和职业技能培训制度,建立多渠道就业制度,帮扶就业困难人员。

第四,普惠的社会保障制度。中国共产党在发展市场经济过程中,建立了覆盖全民的社会保障体系,让人民在教育、医疗、养老、住房等方面都能够享受到普惠的保障。

第五,扶贫脱贫制度。中国共产党在市场经济发展过程中十分注意把"致富"和"脱贫"结合起来,从中央到地方专门成立扶贫办公室,领导和指导贫困地区、贫困村落、贫困人群摆脱贫困,并在全国建立了最低收入社会保障制度,避免落入"中等收入陷阱"。

第六,有效的社会治理制度。中国共产党在社会管理体制改革中形成了党委领导、民主协商、政府负责、社会协同、公众参与、法治保障、科技支撑的社会管理体系,建设了一个人人有责、人人尽责、人人享有的社会治理共同体,保证人民群众能够安居乐业。

第七,严格的生态环境保护制度。中国共产党在经济快速发展过程中认识到不能牺牲生态环境来发展经济，从上到下建立了职责明确、督查严格、离任审计、有责必究的生态保护制度。同时建立了山水林田湖草一体化的生态保护和修复制度。

第八，舆论引导工作机制。中国共产党在倡导社会主义核心价值观，弘扬中华民族优秀传统文化的同时，十分重视信息化条件下的舆论引导。在长期的探索中，形成了以坚持团结稳定、正面宣传为主，网上网下一体、内宣外宣联动的主流舆论格局。

第九，协商民主制度。中国共产党在现代化进程中始终坚持把党的领导、人民当家做主和依法治国有机结合起来，在完善选举民主的同时，大力发展协商民主，构建包括政党协商、人大协商、政府协商、政协协商、人民团体协商、基层协商和社会组织协商在内的广泛多层制度化的协商民主体系，坚持协商在决策之前和决策实施之中，建立了从民主选举、民主协商、民主决策、民主管理到民主监督在内的全过程民主体系。

第十，自我革命和自我纠错制度。中国共产党在现代化进程中既坚持改革开放，解放和发展生产力，又坚持从严治党，从政治上、思想上、组织上坚守党的先进性和纯洁性，坚决纠正自己肌体上存在的种种问题，毫不留情反对党内包括高级干部的腐败，确保党和国家能够坚持正确的发展方向而不犯大的错误，更不犯颠覆性的错误。

这 10 个方面经验，是中国共产党领导中国人民在大踏步奔向现代化进程中，在制度改革和制度建设中积累的宝贵经验，可以为世界各国特别是广大发展中国家参考和分享。

需要指出的是，我们这样说绝不是要别国照抄照搬我们的经验。我们看到过有的国家"输出"自己的价值观和制度而导致别的国家社会动荡，对于这样的做法我们决不能学。我们吃过照抄照搬别国经验的苦头，我们同样不希望别的国家重犯这样的错误。正如习近平总书记强调的，我们不"输入"外国模式，也不"输出"中国模式，不会要求别国"复制"中国的做法。

（本文根据中共中央党校原副校长李君如在织里"中国治理的世界意义"国际论坛上的发言整理）

## 二、织里经验是"中国之治"样板

中国自 1979 年改革开放以来的崛起，不断令西方惊叹。从早期的两位数经济增长率，到 2008 年举办北京奥运会的盛况，到拍摄的月球背面照片，再到现在 5G 通信技术的发展，一切都指向新的全球领导地位。

西方国家适应和熟悉了美国的军事和经济霸权，从他们的角度来看，这令人深感不安。世界秩序似乎在改变。

### （一）西方对全球化管理不力

西方评估了维系美国实力的各种因素，然后观察了中国对军队进行升级改造、在本地区宣示主权以及最近提出"一带一路"倡议。西方从这些事态发展中推定，他们对美国的领导地位形成挑战。西方还担心出现最糟糕的可能结果，那就是两个全球大国之间的冲突一触即发。

其实，特朗普政府的关税政策对西方这个地缘政治实体的危害更大，因为他们在西方内部、在美国与所有受益于对华贸易的国家之间制造了裂痕。直到最近，西方才明白中国的崛起与其自身的经济繁荣密切相关。在全球化的世界中，国与国以多种方式彼此相连。中国喜欢谈双赢，因为知道减少贸易壁垒对全世界都有利。

与此同时，对全球化的管理正是西方各国的分歧根源所在。因为如果说它是经济增长的推动力，那么它也带来各国政府不得不应对的社会影响。在西方，这种应对极其无力。

民粹主义兴起以及特朗普对大部分美国选民富有吸引力的原因在于，其承诺挽回人们随着旧产业在全球化的冲击下消亡而蒙受的损失。因为全球化经济输赢双方之间关系会比较紧张，所有西方国家都感受到了这一点，但中国似乎躲过了这些负面后果，于是西方国家领导人及其追随者拿中国当替罪羊，将其对全球化的管理不力归咎于中国。他们进而想当然地认为，中国在经济上的成功必然伴随着取代美国成为主要军事大国的雄心。

### (二) 中国对其社会治理有方

事实上，西方面临的真正挑战不是中国有志于统治世界或替代美国。中国构成的挑战并不直接针对西方。中国只是对自己的社会管理有方。在治国理政方面，中国证明了在全球化的力量面前能够营造团结的力量。

社会治理是指以必要的秩序、稳定和控制来创造便利条件，使人们能够在当代条件下过上充实圆满的生活。反常的是，虽然治理理念深深植根于西方文化，但却很少被运用于对社会的管理。

我在 2019 年 11 月参加"中国治理的世界意义"国际论坛时，清清楚楚地认识到了这一点。会议在浙江省湖州市下辖的织里举行，那里现在是中国社会治理的样板。

我出席的那次会议比织里近来实现的稳定局面更具创新性，官方公开政策强调：中国模式不用于输出，每个国家都会在新的世界秩序中找到适合自己的道路。其实，我认为中国社会稳定的秘诀也许对西方格外有吸引力。

西方目前的处境是人们对其政治体制普遍不满。当知名杂志《经济学人》周刊居然可以说"英国版的代议制民主已经瓦解""其政治阶层受到蔑视"时，当亿万富翁身份成为竞选美国总统的跳板时，毫无疑问，西方发生了危机。还不止如此。长期以来，发展中国家一直被鼓励效仿美国、欧洲和英联邦的民主模式。目前，这些国家接连出现民众骚乱浪潮。

眼下还没有充足时间进行更深入的分析。气候变化对生存的威胁甚至让西方的社会和政治危机显得无足轻重，绿色运动很可能会压倒一切乃至修复政治体制的四分五裂。那将是对命运的最大嘲弄——全球变暖拯救了西方！

但是，如果说我们迄今为止把注意力集中在西方民主制度上面，那么，中国的社会治理提供了一个替代制度范例，让我们的目光不局限于从古希腊开始将政体分为君主制、贵族制和民主制的传统分类法。

如今，西方各国社会日益感觉到现行制度及其主要受益者已经逃脱了公众的控制。中国的"社会治理"要预防的正是这一弊端。用中国的话来说，这是真正的民主。

### （三）"人本治国"提供新方案

事实上，既然未能在民主制中找到办法来解决当代社会的治理问题，那就必须想出新的方案，这个方案要能满足人类对影响人们生活的社会和技术系统加以控制的需求。中国的社会治理已经形成了真正的解决方案，它取决于党和人民的关系。

正是这个现实给予了中国社会治理保障社会秩序的方向和能力。在织里举行的会议强调了进行社会治理的团体和组织的作用，但把他们团结在一起的凝聚因素是：共产党把中华人民共和国打造成世界上有史以来最强大的集体。

织里有着丰富的社会治理力量，志愿者组织、企业和工厂、政府部门和高等院校，在整个体系中负责上传下达。

中国的"社会治理"是这种新型政府形式的先驱。它不仅仅是政府的一个附属程序，而是自成一体的全新规则体系。它是否民主，可任由那些致力于探讨"民主"含义的学者评判，中国与西方是不大可能很快就此达成一致意见的。

我们需要一个全新的术语来描绘人对技术系统的控制，描绘民治与民享。或许，"人本治国"之类的新词更接近于体现这种新型治理方式的精髓。

（本文根据英国社会科学院荣誉院士、全球化概念的首提者马丁·阿尔布劳在织里"中国治理的世界意义"国际论坛上的发言整理）

# 织里实践 >>>

织里，位于中国浙江省湖州市吴兴区，太湖南岸，是"中国童装商标重点培育基地""全国产业集群区域品牌建设试点地区"，中国"童装之都"。连续6年入围全国百强镇，是第一批省级小城市培育试点，第三批国家新型城镇化综合试点，全国乡村治理示范点。

织里以童装闻名，自20世纪70年代末由家庭小作坊起步，经历40多年的发展，建起国内最大的成熟童装市场，形成了从童装设计、加工、销售，到面辅料供应、物流仓储等相对完整的产业链，成为中国规模最大、分工协作最紧密的童装产业集群。织里镇共有童装户1.3万余家，电商企业8 700余家，年产各类童装14.5亿件（套），年销售额超600亿元，占据国内童装市场的50%，拥有"男生女生""不可比喻""林芊国际""布衣草人""今童王"等童装类国家、省市著名商标47个，各类童装设计师5 000余名。

借助改革开放，织里抓住机遇、大胆创新，从"农民创业"到"产业创新"，再到"产城融合"，发展成为"童装之都"。织里人敢想敢为、开明开放、创新创强，率先实现城乡统筹发展，进入高质量发展轨道，为全面建成小康社会后的社会治理现代化探索了新路。

多年前，织里童装产业"低小散"、城市管理"脏乱差"、新老居民"不和谐"，体制性机制性瓶颈显现。这些"成长的烦恼"让织里发展面临历史关口，2006年"两把大火"和2011年"10·26"群体性事件让织里付出了血和泪的代价。织里痛定思痛，以社会治理为抓手，牢牢把握体制机制改革、加快高质量发展、推进城乡协调发展、大力改善民生等，全面落实"八八战略"。今天的织里，在体制机制活力、开放程度、经济发展和人均收入水平、生态文明和社会文化建设等方面都已成为"长三角"地区名镇、全国百强镇，成为吴兴首位、湖州骄傲、浙江领先、全国典型。

## 一、从一个镇到一座城的变迁

改革开放 40 多年来，织里，这个太湖边上的小集镇，一跃成为建成区面积 25 平方千米、常住人口 45 万、地区生产总值 203 亿元的小城市，靠的就是始终聚焦"产、城、人"3 个核心因素，探索符合当地实际和自身特点的新型城镇化道路和社会治理方法，成为观察改革开放伟大历程和中国社会治理地方实践的微缩样本。

### （一）夯实产业之基

城镇发展的基础在于产业。有了产业带动，城镇才有发展的动力源。历史上织里就有"遍闻机杼声"的记载。改革开放以后，乘着建立织里经济开发区、全国小城镇综合改革试点单位等政策东风，织里人发扬拼搏创新精神，靠着"一根扁担两个包，走南闯北到处跑"的执着，在改革开放浪潮中牢牢抓住"童装"这一产业，为织里发展找准了支撑。从"童装第一人"吴小章身上的"全靠一股闯劲"到"生产在一家一户，规模在千家万户"的"织里童装"品牌在全国市场叫响、占据国内童装市场 50% 的份额，织里在改革开放中以童装为支柱产业，拉开了由"镇"到"城"转变的序幕。2003 年，浙江省委提出"八八战略"，再一次为织里提供了变革的历史机遇。织里人充分发挥块状特色产业优势，着力解决产业层次不高、低小散乱的问题，加快建设先进制造业基地。以东尼电子为例，从"纺羊毛线"到"纺电子线"，从"制造"到"智造"，东尼电子实现了由年产 120万件的羊毛衫厂到电子信息产业上市企业的巨大转变。今天，以新兴产业为引领、先进制造业为支撑的现代绿色产业体系初步形成，为织里连续 6 年入围全国百强镇奠定了坚实的产业基础。

总结经验，织里从穷乡僻壤到"童装之都"，从"三进三提"（生产进园区、生活进社区、交易进街区，提质、提效、提品位）再到"新兴产业高地"的跨越，关键就在于始终将自身的发展与政策环境的变化相适应、相统一，因地制宜、因时制宜，紧紧依托产业发展和转型升级为城市建设提供动力，开创了"产"与"城"互促互进的良好局面。

### （二）汇聚融合之力

产业发展在带动城市建设的同时，也带来了人口的集聚。织里新居民登记数量由 2003 年的 4.9 万余人，逐步扩张至 2017 年的 35 万人，连同本地居民，共同构成了 45 万人口的特大镇。在发展过程中，织里镇也遇到过"瓶颈"：一方面是基础设施建设滞后、教育医疗等公共服务资源不足的矛盾日益凸显，另一方面是如何解决新老织里人深度融合的问题迫在眉睫。织里人做了两件事：一是在"硬件"上迅速拉开城市框架。织里按照"中国国际童装之都、太湖南岸工贸新城"的布局，积极推进城镇一体化和新型城镇化建设，湖织大道、吴兴大道等"七纵七横"交通路网全面铺开，织东、织西两大商圈初具规模，建成区面积较改革开放之初扩大了49 倍，一座多姿多彩、魅力十足的宜居宜业品质新城已经展开。二是全面加强社会治理，在"软件"上促进新老织里人深度融合。充分利用文化"助推器""黏合剂"的作用，拉近彼此之间的距离，不断加强文化认同。从 2016 年"织里·知礼"品牌建设启动开始，现已累计开展文体活动300 多场，挖掘先进典型 224 人。来自广西苍梧的李伟标是首届"五星"知礼人的获奖者，作为新织里人，他参与企业多个技改项目，为降低能耗做出了贡献，而他也表示"在这里创业生活感到很有归属感"。各类社会矛盾调解组织在社会治理中发挥了重要作用，如"平安大姐"工作室，这两年为新居民朋友调解各类纠纷 358 起。"以新调新、以新助新"成为织里社会治理特色。

织里，既有现代服务业各种业态蓬勃发展的都市气息，也有集田园风光、文化民俗、旅游观光于一体的美丽乡村，更有新老织里人身份价值认同感增强、感情相通相融的和谐环境，人们在此兴业、以此为家。

### （三）锻造发展之魂

在实现温饱与致富的目标之后，人们对工作生活环境的品质又有了更高的需求。如何从多个方面、多个层次满足人民日益增长的美好生活需要，如何培育锻造有利于织里长期向好发展的根本力量，成为新时代摆在织里面前的重大课题。

习近平总书记指出，城市管理应该像绣花一样精细。织里坚持以人民为中心的发展思想，不断提升城市公共服务的均等化、普惠化、便捷化水平，全面推进精细化管理。织里镇日均产生垃圾500吨左右，高峰期更是接近700吨，"垃圾围城"成为老大难问题。东盛社区是有着3.5万人口、2 267家经营户的大型社区，也是织里镇落实"四全工作法"（力量全线下沉、建好全科网格、加强全程监管、推动全员参与）的试点社区。东盛社区广泛发动沿街经营户进行卫生包干，并根据店内环境、门口卫生等状况实行一周一评，对"笑脸"门店给予收费减免优惠，有效调动了各个主体的积极性，消除了脏乱差。

织里秉持人是最核心、最关键因素的理念，"引进、留下"人才两手抓。一方面，通过与高校开展对口交流合作，全面推动定向引才；举办童装设计大赛，吸引优秀设计师。李璇是第二届"中国·织里"全国童装设计大赛金奖得主，"选择在获奖地办企业，正是看中了织里的整体环境"。目前，有技术、有资金的外来务工人员和大学生成为织里新一轮创业的主力军。另一方面，通过人力资源产业园平台和地校合作项目，订单式、多维度培育符合织里产业导向的专业技术人才，把本地优秀的全产业链人才留下来。为了让引进、留下的人更安心、更舒心，2013年织里投资3 000万元建成行政服务中心，入驻部门23个，至今已承接市、区下放事权531项，完善的办事项目和便捷的办事流程在全国乡镇遥遥领先。又进一步推进"最多跑一次""零上门"改革，原先需要市区两级审批的事项，现在大部分在镇里"最多跑一地"，甚至手机上操作就可以即时办结。同时，推广新居民"积分入学"政策，保障每一名适龄学生都能上学、上好学；推行就医异地结算制度，新居民在定点医院门诊或住院治疗可即时报销；设定房屋最高限价，让新居民在织里能买得起房、安得下家。

回顾织里由"镇"到"城"的变迁之路，更能理解习近平总书记强调的"以人的城镇化为核心"的深刻内涵。城镇化建设归根到底是为人服务的，而高水平推进城镇化归根到底也要依靠人的力量。始终坚持以人民为中心，将人作为城镇化建设的灵魂与主线，处理好人与产业、人与城市的关系，从而实现产业发展、城市宜居、群众满意的多赢，正是织里新型城镇化建设实践给我们的启示。

## 二、四十年织就童装世界

从太湖南岸边一条扁担街，到如今城市框架达 25 平方千米的中国"童装之都"，从过去出名的"穷乡僻壤"，到如今平均人口密度达浙江省 30 多倍的"童装世界"，织里成为改革开放的"轻骑兵"和城乡经济发展、小城镇建设的"模范生"。

### （一）一根扁担中的创新活力

驱车行进在织里镇的大街小巷，过去童装家庭式的"三合一"作坊已成为历史，取而代之的是多业态的城市景观。一条吴兴大道穿城而过，大大小小的招牌离不开"布业""纺织""辅料"这几个关键词。

"织里是浙北地区民营经济最具活力、市场化程度最为发达、经济增长最为快速、人民生活最为富有的地区之一。"湖州市吴兴区委主要负责人说。

织里镇目前工商注册经济体 4.2 万余个，年销售额超 600 亿元，占国内市场的 50% 以上。

改革开放初期，织里镇只是太湖边的一个小集镇，没有得天独厚的自然资源，也没有临近超大城市的区位优势，由于人口膨胀、人均耕地短缺，织里是杭嘉湖平原出了名的穷地方。童装商会会长杨建平是土生土长的织里人，在他的记忆中"当时镇里都是泥路，没一条像样的水泥路"。

这一切并没有挡住织里人一根扁担闯天下的脚步。

1978年，织里人开始走出村庄，到上海、宜兴等地叫卖绣花枕套、被套，开始了走南闯北的经商之路。

市场逐步被打开，1980年，在织里镇轧村大礼堂门口的空地上，形成了一个自发的地摊集市。1981年，织里镇虹桥两岸码头出现了一个自由交易集市。1982年，轧村人又自发聚集在织里老街的茧站前进行交易，并建起"绣花服务部"。

"那时，织里镇家家户户踩洋机，床罩、枕套、香港衫，有生意就做。"杨建平耳旁仍回荡着当时满镇的洋机声。凭着"一根扁担两个包，走南闯北到处跑"的扁担精神，一批像杨建平一样的敢于吃螃蟹的人敏锐地进入到盈利更多的童装产业，诞生了不少"万元户"。

1992年8月，湖州市批准成立织里经济开放区；1995年，织里镇被批准为全国小城镇综合改革试点单位。这两个重大的改革举措掀起了织里创业的第二波浪潮，大批走南闯北的织里人还乡创业，织里镇摘掉"穷帽子"，变为周边羡慕的富裕村。

在"民营先发、市场先发"的推动下，童装产业在织里从无到有，逐渐成为支柱产业，并形成了"生产在一家一户，规模在千家万户"的块状经济特色，全镇有70％的住户从事童装生产经营。


## （二）破解"大人穿童装"的治理之难

21世纪初，织里镇人员结构、产业矛盾、治理滞后等问题凸显，在社会治理领域宛若"大人穿童装"。织里中心镇区聚集了45万人口，每平方千米人口约1.9万，是浙江省平均人口密度的30多倍，而全镇编制内干部不到200人。

"当时书记、镇长是'专家门诊'，有时一天要接待十几批群众，解决涉及拆迁、企业纠纷等矛盾。"吴兴区委常委、织里镇党委书记宁云说。

公安部门的记录显示，织里镇总发案数量在 2011 年达到高点。湖州市公安局织里分局负责人说，2011 年前公安部门处于疲于应付状态，全镇仅有 68 位民警，"鸡毛蒜皮的小事很多，坐在派出所里接警都忙不过来，根本没有时间主动应对。"

近几年来，全区聚焦织里治理工作，着力民生福祉，在提升政府公信力的同时，探索用改革破解发展中遇到的难题。

湖州市、吴兴区两级党委、政府在 2013 年深入调研后，决定在织里镇推进行政管理体制机制改革。

2014 年 1 月织里镇创新建立 4 个二级街道、2 个办事处，重点承担城市管理、信访维稳、新居民管理服务等职能。二级街道的设立打通了基层治理的"最后一公里"。

位于织里镇中心城区的东盛社区共辖 15 条街道，集聚了 2 000 多户童装类经营户，总人口达 3.5 万，其中外来人口 3 万人。随着规模扩大，流摊管理、违建管控、市政设施等一些"看得见、管不着"的问题逐渐显现。

"以下水道堵塞为例，以前社区人员看得见、管不到，要上报镇里，往往处理不及时。"东盛社区管委会主要负责人说，现在成立街道配强力量后，社区巡逻看得见、管得到，发现问题就及时处理了。


（三）民情就是改革的方向

"遍地是黄金，遍地是垃圾"曾是织里人的自嘲，织里镇每天产生 500 吨垃圾，但保洁日处理能力却跟不上。

"二级街道成立后，环卫工作采取了属地管理，做到垃圾日产日清，环境有了翻天覆地的改变。"织里镇党委委员舒忠明说，每个街道成立的环卫站延伸了精细化保洁，基本消除了卫生死角。

"百姓的需求就是我们工作的方向。"宁云说，织里镇要求党员干部了解群众需求改进服务。

织里镇原来仅有 1 个派出所，湖州市公安局党委对织里公安体制进行了改革，于 2012 年 2 月成立织里公安分局，行使县级公安机关职权与相应警力配备，下设刑侦、治安、交警等大队和 3 个派出所，总警力从 300 人增加到近 800 人，有效提升了社会管理能力。

织里公安分局把工作重点和基点放在有效防控和应对各类风险上，防范了一大批重大案件。2015 年以来，织里镇未发生群死群伤事故、重大群体性事件和重大恶性刑事案件。与此同时，"智慧织里"建设让科技基因赋能社会管理，开启了现代化社会治理新路。

### （四）有融入也有溢出

"在织里镇打工的新织里人一对夫妻年收入可达近 20 万元，三年一辆车、五年一套房不成问题。"织里镇干部说。

晓河村 10 多年前曾是一个集体经济基本为零的后进村。2009 年，在外经营童装生意多年的蔡顺山"临危受命"，返乡担任村党总支书记。在他的带领下，晓河村一手抓党建，一手抓发展，村集体经济资产达到 1.1 亿元，村民人均年收入从 1 万元增长到 4.5 万元。

从晓河村社区综合服务中心二楼往外眺望，不远处空地上停放着近百辆小轿车。"村里建起童装厂，吸引了越来越多的新织里人，车子背后是一个个新织里人，这是我们发展的后劲。"蔡顺山说。

走产城融合之路，受益的最终还是老百姓。

安徽黄山的李艳 10 多年前来织里打拼，前些年对织里的印象是"脏乱差"。"现在马路整洁了，政府对新老居民一视同仁，我愿意在这里安家落户。"2015 年，李艳在当地购置了房子，接来了家人。

2012 年以来，织里镇地区生产总值年均增长约 10%，财政总收入年均增长超 10%。现在城镇、农村居民人均可支配收入远超 6 万元和 4 万元。近几年开发的商品房，购房者六成左右是外来务工人员。

有融入，也有溢出。

越来越多织里童装企业把加工外发，带动了省外部分经济欠发达地区的发展。现在，织里外发加工童装件数超过总产量 1/3。通过在织里的安庆商会牵头，在安徽安庆建起了童装产业园，为织里童装产业做配套，成为当地经济振兴的新阵地。"目前入驻企业已达 400 家。"湖州安庆商会会长说。

2013 年以来，织里镇加快推进学校、医院等公共服务设施建设，累计投入 1.5 亿元扩建中小学校园和新建中心幼儿园晟舍园区，累计投资 5 亿元新建改建交通设施、环卫设施、农贸市场等。高标准打造的吴兴实验小学已经开学。规划 900 张床位的人民医院已经投入使用，并实现了 7 省医保异地结算。

越来越多的人选择从远方来到织里，在这里开枝散叶，而这座太湖南岸的小城也给出了包容与尊重。

## 三、乡村治理之路

织里由 5 个乡镇（太湖、轧村、漾西、晟舍、织里）合并而成，区域面积 90 平方千米，辖 6 个街道办事处，34 个行政村，17 个社区，实有常住人口超 45 万，其中外来人口常年保持 35 万左右。目前，织里已经实现了城乡一体化发展。

### （一）城乡统筹的阶段

#### 1. 城乡一体起步阶段（1978—1984 年）

确立了农民自主经营主体地位，增强了城乡一体化的基层动力。在这一时期，织里人抓住机遇、大胆突破，全镇百姓的生产积极性得以充分释放，织里人从被动劳动者转为商品生产的主体、创业的主体，于 1984 年兴办织里第一代小商品市场，开启了以童装产业发展助推城乡转型的发展之路。

**2. 城乡一体加速阶段**（1984—1992 年）

以农村经济结构变革为支撑，释放了城乡一体化的发展活力。这一阶段，织里人以市场化为导向，围绕加快推进工业化和城镇化，大力发展个体私营经济，兴办童装专业市场，大力发展小城镇。大量农民"洗脚上岸"，实现了从单一的农业经济向三次产业并举转变，从城乡割裂向城乡融合的过渡。织里人凭着"一根扁担两只包、走南闯北到处跑"的干劲，带出了织里民营经济的蓬勃发展。

**3. 城乡一体深化阶段**（1992—2010 年）

经历了童装产业爆发式增长和多类改革持续试点的双轮驱动，高水平推进城乡一体化建设。1992 年，织里成为湖州市第一个建立经济开放区的乡镇。1995 年织里被建设部等 11 个部委列为全国首批小城镇综合改革试点镇。2001 年，织里镇被湖州市委、市政府列为湖州中心城市的工贸新区，创新经营城市理念、放活城市投融资方式，吸引大量民间资本进入城市各项设施建设、拉开城市框架，城市建设日新月异。2010 年，织里镇被列为浙江省 27 个小城市培育试点镇，政策红利得到了进一步释放，经济发展、社会建设、城市管理等逐步探索转型之路，城乡一体化进入全新阶段。

**4. 城乡一体高水平发展阶段**（2011 年至今）

形成了新时期城乡统筹建设的新格局。2011 年织里镇正式开展小城市培育试点，并已连续 3 轮在小城市培育试点年度考核中名列前茅。2016 年织里镇成功入选国家第三批新型城镇化试点，"产城人"融合发展的改革导向得到进一步确认。这一时期，织里人紧扣浙江省城乡统筹战略和国家新型城镇化战略的发展要求，以童装产业转型升级为引领，以中心城市服务功能提升为突破，以外来人口市民化为重点，以本地农村"三权"制度改革和环境风貌整治为推动，全面创新城乡一体化发展理念，城乡一体化进入高水平融合的发展阶段。

## （二）城乡统筹发展的治理经验

织里统筹城乡发展，实施乡村治理的历程，就是始终坚持把工业与农业、城市与乡村、城镇居民与农村居民作为一个整体；始终坚持统筹谋划、综合研究，对症施策；始终坚持通过体制改革和政策调整，促进城乡在规划建设、产业发展、市场信息、政策措施、生态环境保护、社会事业发展等方面一体化。

### 1. 以 "童装转型" 为引领， 夯实城乡一体的经济支撑

重点以童装产业转型升级为龙头，通过城中村、旧厂区、老城区和旧厂房改造及违章建筑拆除，转移童装产业低端价值环节。探索从 "织里童装＋织里制造" 向 "织里品牌＋全国加工" 转变，提升童装产业价值链，吸引各类童装设计师 5 000 余名。

### 2. 以 "城市转型" 为突破， 构筑城乡一体的优美环境

加快推进城市更新。创新投融资改革，推进 "退二进三"、城市路网、农贸市场、停车场、邻里中心、商业综合体等工作力度，城镇人居功能不断提升。全面提升城市环境品质。深化开展 "五水共治" "三改一拆" "两路两侧" "治霾318" "厕所革命" "停车泊位建设" 等小城镇环境综合整治行动，打造宜业宜居的产城人融合发展环境。优化城市管理。创先智慧用电、智慧交通、智慧城管、智慧消防等智慧织里建设，科技治理城市水平和织里幸福指数不断提升。

### 3. 以 "社会转型" 为重点， 提升城乡一体的服务能力

加快提升城市公共服务功能。重点加快教育、住房、文化、养老等公共资源供给。近年来投资近百亿元新建、扩建中小学和幼儿园、三级乙等医院、社区卫生服务站、公园等。提升对外来农业转移人口的权益保障服务。组建

新居民事务所，完善流动人口网格化综合管理模式，每年为近 800 名新居民子女提供公办学校读书名额，创新新居民异地就医结算制度。加大本地农民进城后的权益保障。2015 年底实现城乡户籍一体化，同步启动农民宅基地用益物权、农村土地承包经营权和集体资产收益分配权的确权工作。创新"房票"制度，推进农村宅基地与城市商品房的等价交换。

### 4. 以 "乡村转型" 为基本， 全面推进乡村振兴

高标准推进美丽乡村建设，常态化开展美丽宜居示范村建设，市级美丽乡村覆盖率达 50％以上。全面推进农村污水治理，加快城区管网向城郊、农村延伸。完善城乡一体化保洁机制，巩固村庄整治建设成果。以义皋、伍浦等"溇港文化"为主导，保护和传承织里古老文明。织里乡村面貌全面改善，成为城乡一体化的坚实支撑。

### 5. 以 "政府转型" 为保障， 激活城乡一体的政策活力

机构延伸，力量下沉。在镇级体制下建立了 6 个二级街道和办事处，人员主要通过招聘编外用工来解决，主要承担社会管理、民生服务与基层工作。事权下放，实体运作。近年来，市、区两级政府累计下放事权 531 项，建立了公安分局、国土分局等 9 个分局机构进行实体化运作，建立了市民服务中心，基本实现了"织里人办事不出织里镇"。

全面迈入小康社会后，织里镇将继续加大改革创新力度，以国家新型城镇化改革和小城市培育试点为龙头，围绕建设世界"童装之都"总体目标，重点打造好"太湖南岸工贸新城、国家新兴城镇化样板区"两大发展定位，全面创新城乡一体的发展模式，为全国新型城镇化和浙江省小城市培育试点工作，提供更多可复制、可推广的镇级经验。

## 四、基层实践者说

织里，乘着改革开放的东风，从"肩上两个包"到如今雄踞国内童装

市场半壁江山，本身就是新时代的一个缩影、一个代表、一个奇迹。织里的社会治理如何实现的，基层实践者有何体会，织里镇党委书记宁云有自己的感受。以下是他的访谈实录：

走进新时代，织里因势利导，乘势而上，推进城乡发展一体化、产城人融合发展，全面开展高水平社会治理，这既是提高织里发展的内在要求，也是加快提升治理现代化、提升织里在江浙沪城市群乃至长三角世界级城市群中战略地位和作用的必然选择。现阶段，织里正不遗余力地以产业兴旺为重点，以治理有效为基础，以生活富裕为根本，以生态宜居为关键，多措并举，全面开展"社会治理先行地　美好生活试验区"建设。

### （一）始终坚定信念听党话，毫不动摇跟党走

作为基层政权，织里始终把中央和省委、市委、区委的决策部署落地生根，开花结果。

在转型发展中积极探索新思路、新方法，把政治优势转化为把握方向、组织动员、服务群众的竞争优势和发展优势，为转型发展提供坚实有力的政治保障。近几年织里的发展一方面得益于省、市、区的大力支持，政策上的倾斜，另一方面得益于有一支出色的班子队伍，有党性，服从大局，齐心协力推进工作。

思路决定出路。织里坚持创新、协调、绿色、开放、共享五大发展理念，积极适应经济发展新常态，紧紧抓住环杭州湾大湾区建设和南太湖新区建设的历史机遇，始终突出"以人民为中心"的发展思想，以小城市培育和国家新型城镇化试点为总抓手，坚定不移走好转型发展之路，并一以贯之抓落实、抓推进，使织里迎来新的发展机遇。

良好的精神状态，是做好一切工作的重要前提。织里镇各级党组织和党员干部，始终保持昂扬的干劲、闯劲、韧劲，带头闯、带头试、带头干，在困难面前不屈服，在矛盾面前敢担当。正是有了这样的敢想敢为的精神，才有了现在不断蓬勃发展的织里。

（二）始终坚持"以人民为中心"的发展思想

坚持以人民为中心的发展思想，就是说怎么样让老百姓觉得开心、实惠，凡事要想着老百姓，千方百计让群众致富，让大家的生活更加富裕、更有奔头。

**1. 在发展产业的过程中让老百姓真正得实惠**

（1）想方设法让老百姓钱袋子鼓起来。织里产业的根、产业的魂，就是童装产业。因此重点发展的产业就必须是童装产业，20世纪童装产业不断成长壮大，但发展的无序也对产业造成了负面的影响。特别是"两把大火"对产业发展造成了极大冲击，有观点要把织里的童装产业一赶了之，但织里坚持认为童装产业是一个富民产业，是新老织里人钱袋子鼓起来的根本，织里有勇气、有决心、有信心将织里的童装产业保留下来、发展起来。织里采取生产进园区、生活进社区、交易进街区的方式，让童装产业的发展方向定位更加精准，让整个童装产业走向转型升级的康庄大道。比如探索从"织里童装＋织里制造"向"织里品牌＋全国加工"转变，提升童装产业价值链，目前已经年产值超 600 亿元，占据全国童装的半壁江山。织里就是因为守住了这个产业，才让本地居民的生活越来越富裕，才让外来务工人员的收入逐年提升，越来越多的人选择留在了织里成为"新织里人"。例如，织里镇的拆迁户可以分到 4～5 间房，本地房子租金少则二三十万元，多则上百万元；到织里就业创业的熟练技工可以拿到 8 万～10 万元/年，夫妻两人 16 万～20 万元/年，打样、制版等熟练工人月收入在 1.5 万～2 万元，收入是可观的。

（2）让老百姓真正感受到公平和安全。在织里生活的新老居民，最大的感受就是"公平公正"。织里无论税收、执法，还是民生保障，都是"一碗水端平"，始终坚持公平公正的执政理念，对待百姓也好、对待企业也好，都是一视同仁。就是因为这样，政府的公信力才会越来越强，百姓才会越来越满意。例如，2017 年织里在文明城市创建期间，将织里镇上历史遗留的近100万平方米的违章建筑全部拆除，百姓既没有怨言也没有出现上访，连打电话来求情的都没有。联勤联动，执法人员带摄像仪，后面的公安人员也带摄像仪，让执法人员依法依规进行执法。这也是保护执法人员的权威，既可确保稳定，也可保障执法过程的顺利进行。

（3）让老百姓的生活更加舒适方便。织里大力提供教育、住房、文化、养老等公共资源。累计投资100多亿元新建、扩建中小学和幼儿园、三级乙等医院、社区卫生服务站、公园等。提升对外来农业转移人口的权益保障服务。组建新居民事务所，完善流动人口网格化综合管理模式，每年为近800名新居民子女提供公办学校读书名额，创新新居民异地就医结算制度。例如，2018年1月起，辽宁、吉林、安徽、海南、四川、贵州、陕西、甘肃、西藏等省（自治区）参合患者经规范转诊至吴兴区人民医院就医时，均可享受住院窗口即时结报服务。

加大本地农民进城后的权益保障。2015年底实现城乡户籍一体化，同步启动农民宅基地用益物权、农村土地承包经营权和集体资产收益分配权的确权工作。例如，创新"房票"制度，推进农村宅基地与城市商品房的等价交换。

**2. 竭尽全力为广大的企业家谋发展**

在经济社会发展过程中，企业家是非常重要的。政府强化与企业家的联系，就是要做到倾听企业心声，不断帮助企业做大做强。

（1）关系上清，湖州话叫"拎得清"，就是要守住规矩，在企业高歌猛进的时候，要提醒企业家注意市场规律，要冷静，要清醒，要防范企业风险。企业家对政府对干部都非常尊重。

（2）感情上亲，就是当企业遇到困难，遇到市场起伏的时候，始终帮扶企业。企业遇到流动资金困难的时候，要伸出援助之手，真金白银地帮扶。这个帮扶就相当于天使基金，通过第一道会计师事务所的审计，第二道律师事务所的把关，第三道证券事务所的认可才投资，风险是可以把控的，这种投资对于企业的存亡是有关键作用的。实践证明，这种对企业真心实意的帮扶，虽然有风险，但是也获得了回报，这个回报金钱方面还是其次的，最重要的是坚定了企业家与党委、政府风雨同舟，振兴实体经济的信心和决心。例如，迈雷科技在准备创业板上市的过程中遇到了一些资金、技术等方面的瓶颈，党委、政府在调查核实企业经营现状优良、发展潜力巨大、科技含量高等情况下，由织里城投通过债转股的形式扶持企业发展，同时政府也获得了一定的收益。

## （三）瞄准社会治理，加快改革创新

治理体系的创新。织里有二级街道、社区，就是最基层、最基础的一种管理模式，直接和老百姓打交道。织里有 40 多万的人口，有这么多的经济体、这么多的企业，就通过街道办事处的延伸，把所有的干部下沉到基层。政府最怕的是没有和老百姓直接接触的人，不知道老百姓在想什么、要做什么，把力量下沉到网格，下沉到基层，直接去面对老百姓，才知道政府应该提供什么样的服务。以服务带管理，这样的形式是非常有效的。

交通治理的创新。织里镇的三轮车非常多，织里没有一竿子打死，而是规范化管理：劝告式，要按章行车；教育式，如果违反相关教育规定，在安全教育中心上课；沿路执法，总体下来非常平稳有序。

"最多跑一次"的创新。将网格员和"最多跑一次"相结合，组织每个网格员分管的业主建立微信群，了解、满足业主的需求，也可以理顺网格员与业主的关系。

## （四）强调抓落实，务实地干

织里的发展历史表明，必须站在更高的高度看织里，用更高的质量发展织里，以更高的标准建设织里，才能让织里永远充满活力，永远走在前列。

### 1. 把童装产业干扎实

要立足于童装产业的转型升级，努力打造中国国际童装之都，真正实现"时装看巴黎,童装看织里",就是要重点实施童装产业高质量发展的"5+1"工程。

组建中国童装学院(培养优秀人才,让织里童装立于世界打下基础),打造中国童装上市园(要走出国门,打造知名品牌),改造中国童装名品城、新建中国童装产业园三期,推进中国童装物流园建设、宿舍革命。

**2. 让新兴产业强起来**

在童装产业做大做强的基础上,新兴产业加快发展,全面丰富织里产业内容。要培育更多的东尼、万邦德等上市龙头企业,要引进更多更有发展潜力的高新技术企业。东尼电子、阿祥重工、珍贝羊绒和贝盛光伏等优秀民营企业、制造业企业通过借改革开放的东风实现创业梦想,通过传统产业的改造提升占领市场,通过传承让"富二代"变身"创二代"接班续力。

**3. 让城市能级再提升**

习近平总书记在湖州提出"要把南太湖建设好"。织里是滨湖城市的重要组团。织里是城市的形态,产业的功能,为整个湖州的发展起到发动机的作用。织里从只有0.58平方千米的一条老街,发展到现在25平方千米,新老居民45万人,工商注册企业4.2万家,占全市11.2%,小轿车13万辆,诸多数据表明了小城市能级的"量"有了一定的规模,来之不易。接下来织里要在城市能级"质"的提升方面做好文章。基本方向就是实现50万人口、33平方千米建成区范围的中等城市规模,打造"产城人"融合新高地。随着产业转型、城市转型、城市管理进一步提升,将越来越多的大学毕业生、技工、白领、电商设计、营销等人才留下来。"遍地是垃圾"是原来织里的代名词,从2010年织里镇被列为浙江省27个小城市培育试点镇、2015年10月启动环境综合整治以来,特别是2017年的文明城市创建,织里镇彻底摘掉了"脏乱差"这顶帽子,2018年以来织里按照人民对美好生活的向往,启动了城市精细化管理,成效初显。

怎样提高人的素养?织里有一个品牌叫"织里·知礼",让大家争当知礼人，靠人文宣传让大家扎根织里。

### 4. 让服务更接地气

织里将"最多跑一次"往社区网格延伸，真正实现直接面向群众，比如社区网格微信群里有新企业需要办理手续或者有新居民需要办理居住证，网格员都可以实现送证上门，实现"跑零次"；对于企业的项目申报、安全生产、环境保护等工作上门服务指导，让企业和群众少走冤枉路、不做无用功。通过这种方式，政府的贴心服务换来了群众的满意和企业的配合。

改革开放以来，织里创造了一幅全面小康建设的新画卷。在这幅画卷里，蕴藏着改革发展的丰沛动力。人民群众求温饱、求富裕的愿望，对美好生活的向往，结合着聪明才智和辛勤劳动，能够创造出一切人间奇迹。而党和政府的政策，一旦与人民群众的愿望和向往相呼应，一旦被人民群众掌握并付诸实践，其对社会生产力的解放和促进作用，是多么巨大！改革开放，不仅能够使毗邻香港的小渔村深圳在 40 年间成长为现代化的国际大都市，也能够使全无优质资源可恃的江南小镇织里，全凭着劳动者的双手，从一条扁担状的小街，发展到建成区 25 平方千米、常住人口 45 万的中等城市。

## 五、织里答卷

因地处湖州带状经济发展区的核心位置，如今的织里，已经是"长三角"地区民营经济最具活力、市场化程度最为发达、经济增长最为快速、劳动力转移最为充分、人民生活最为富有的地区之一。从产业发展要素的角度看，织里镇没有得天独厚的自然资源，也没有临近超大城市的区位优势，没有高新技术作依托，也没有国外大规模投资的拉动，却依靠党的改革开放政策，依靠人民群众的辛勤劳动和创新创业的积极性，在童装领域形成了产业集聚，并不断实现产业升级，走出了一条内生型的经济发展之路。

同时，产业集聚、经济发展，带来了流动人口的激增，也给当地城市建设和社会治理带来了新的挑战。织里人把握住了"人、产、城"这三大发展要素之间矛盾运动的规律，创造性地找寻到一系列破解难题的方法。对此，织里镇党委书记宁云和镇长陈勇杰感受深刻，他们总结织里改革开放以来发展和治理的经验，认为三方面是根本：

## （一）解放思想、求实创新、用足政策

与织里的干部群众谈起织里的发展过程，几乎人人都会说到 1992 年 8 月"织里经济开放区"的设立。这在当时的湖州甚至在整个浙江省都是一个创举。当时的织里镇党委书记回忆说，这完全是在邓小平同志南方谈话精神的鼓舞下，学习深圳特区发展经验而采取的一个创新举措。"经济开放区"政策给予织里的自主发展权限之大，甚至超过了当时人们的期望。织里由此获得了一个重大的发展机会。在这一历史机遇面前，织里人没有好高骛远，而是从实际出发，用足政策优势，吸引在全国各地经商的乡亲"还乡创业"，发展实体经济，其中出现了一批以珍贝羊绒、阿祥重工为代表的本土性民营企业，这些企业发展中虽几经波折，但根植本乡本土，为织里打下了牢固的产业基础。

## （二）重业亲商、服务为本、让利于民

与织里的企业家们谈到党委和政府，大家最有共识的一个判断是，"织里的干部真的是为企业发展服务的"。著名的羊绒加工企业珍贝羊绒董事长说，一个地方的企业要发展，"要有好的政策，也要有好的领导，织里发展起来的一个重要因素就是有好的领导"。不仅本地出身的企业家这么说，在织里的外来创业者在解释为什么选择在织里创业时也是这么说。织里干部队伍一直有个传统，就是看哪一届、哪个人对织里发展的贡献大。因此，党委、政府关心企业发展，尊重企业家，千方百计为企业发展创造条件。

织里干部队伍的这个传统从 1992 年 8 月"织里经济开放区"设立起就开始形成。当时的镇党委和政府就把自身与企业的关系定位为"服务＋管理"。一方面是为企业发展撑腰、跑腿、搞服务、当后台，另一方面抓工商、财税等全方位的管理。织里镇党委、政府及各职能部门，整体上与当地企业建立和保持了"既亲又清"的政商关系。

织里地方建立良好的经济发展环境的另一个重要因素是"让利于民"。20 世纪 80—90 年代，有多个在全国具有辐射力的童装市场，近年来，有一些逐步衰落，不少业者转来织里执业，除政商关系融洽之外，一个重要原因是，织里地方党委、政府对这些大大小小的童装企业一直采取了"让利于民"的政策，没有因为这些企业税收贡献少、管理难度大就对这个产业"另眼相看"，而是把童装产业看作是织里整个产业生态的基础，把童装产业发展带来的人口集聚效应，看作是未来城市建设和发展的原动力。

## （三）德治为本、法治为用、社会共治

2018 年春节，湖州市实行禁止燃放、禁止销售烟花爆竹的"双禁"政策。这一政策在通常被认为流动人口多、管理难度大的织里镇得到了高效执行，违规行为被控制在个位数。这个事例，比较典型地反映了织里镇在调整转型升级阶段的治理成效。织里镇由乱到治的基本经验就是德治为本、法治为用、社会共治。

所谓"德治为本"的核心是"以德治政"，即对干部队伍高标准严要求，推动"公平、公正、公开"执法，"公生明、廉生威"，以此树立党委和政府社会治理的权威性；"法治为用"是指在"以德治政"，建立干部队伍道德权威性的基础上，以法律为依据，严格执法，依法行政，处理各种社会矛盾和冲突；"社会共治"是指充分发动和组织社会各方面力量，发展自治能力，与政府的社会管理形成相互支撑的作用。

近 10 年间，织里地方党委、政府及各种执法力量按照这一模式，把廉政建设落实在具体制度上。以织里公安分局为例，通过统一执法尺度，取消了办案人员的"自由裁量权"，从而封死了"寻租空间"，严肃了警风警

纪，彰显了法律的严肃性，大大提升了公安人员执法的权威性，也由此提升了政府公信力。

为了提升社会自治能力，织里镇以多种方式强化社区建设。在传统地理社区组织的建设方面，织里把安全监管和纾解社会矛盾两大任务统筹规划，创造了社区全科网格管理模式，使社区职能逐步完善，治安管理力量向基层下沉。根据织里外来人口占大头的特点，织里镇从主要由地缘关系组织起来的商会入手，强化对地缘性社区的领导，并于2014年成立以各地缘性商会会长为会员的"新居民和谐促进会"，定期安排会员与书记、镇长面对面对话，政府重大会议也会邀请会员列席参加；各商会则面向所联系的群众传达政府决策，配合政府工作，在政府和新居民之间建起桥梁。在这些工作的基础上，织里成立了"平安公益联盟"，组建起覆盖治安巡逻、矛盾调解、线索提供、平安宣传、人员帮教等各领域的志愿者队伍；成立了由老党员、老干部、人大代表、政协委员等组成的社区治理监督委员会，每周组织监督员巡查社区综合治理情况。

纵观织里历史，既有取得历史性发展成就的辉煌，也发生过重大火灾和大规模群体性事件。痛定思痛，在转型调整过程中，织里镇对产业发展和社会综合治理模式进行了深度探索，经历了由乱到治的转变，是观察改革开放历程难得的典型样本。

织 里 之 治 | 第二章

# 高质量发展模范生

织里一小时

## 织里产业转型升级之路

织里，中国综合实力百强镇，童装作为当地的特色产业，占据了国内市场 50％的份额。改革开放至今，织里已经逐步成长为湖州市重要的商贸窗口。目前，织里镇经济体量占到吴兴区的 1/3，是引领区域经济发展的重要力量。

明清时期，位于太湖之滨的织里就多产桑蚕，养蚕、缫丝和销售丝织品是当地家庭的主要副业，"户户皆绣机"。纺织业的发展为织里刺绣提供了得天独厚的发展条件，制作绣品是当时本地妇女普遍熟习的技艺。

织里品质良好的纺织生产促进了商品流通，带来了人口的聚集，城镇的雏形开始出现。依托太湖，织里以水上交通促成了活跃的城际交流，交易采购频繁，往来乡民络绎不绝。据史料记载，从明代起，织里的集镇就得到了较快发展，到了清代，域内已形成轧村、织里、骥村、圆通桥、陈溇、晟舍、旧馆 7 个较为繁荣的市镇。

### （一）产业萌芽

从古至今，纺织、刺绣等工艺在织里一直占据非常重要的地位。20 世纪 80 年代初，织里镇几乎家家户户都会做床罩、被套和绣花枕套，当地民间有"在家一台洋机绣枕套，在外一人挑担跑买卖"之说。

改革开放使织里人渴望发展的热情被彻底激发了出来。为了摆脱贫困，追求富足的生活，织里人率先响应党的改革开放政策，凭借"一根扁担打天下"的信念，走南闯北销售以绣花枕套为主的自制纺织、刺绣产品，开始了产业资本的积累和对市场的探索。

织里地区生产总值在 1998 年到 2002 年增幅明显，到 2002 年，织里镇的生产总值已经超过了 25 亿元。织里镇近 10 年的地区生产总值保持着持续快速地增长。

以童装产业为代表的第二产业现在是织里最大的产业，而且仍以较快的速度继续增长。

20 世纪 80 年代中期，织里人在传统纺织、刺绣产品生产的基础上，开始较为集中地进入童装产业。这一阶段，童装生产加工户规模小，没有正式厂房，设备大多是家用缝纫机，制作工艺简单，配套产业未成体系，是典型的家庭作坊，从业人员也主要是织里本地人。此时的织里各类城镇服务功能与基础设施等均未成型，处于产业发展和城镇化的萌芽期。

## （二）产业爆发

1992 年 8 月，湖州市政府批准成立织里经济开放区，给予其范围广泛的发展自主权，将包括土地、规划等影响经济发展的诸多市级审批权限下放；1995 年，织里镇被国家体改委等 11 个部委批准列为全国小城镇综合改革试点单位，赋予部分县级经济管理权限。

这两个重大的改革举措让织里人看到了发展的契机。在织里党委、政府号召下，很多走南闯北的织里人纷纷还乡创业。这一阶段，织里童装的家庭型生产加工户明显增多，形成了"生产在一家一户，规模在千家万户"的业态。生产加工设备也纷纷更新，中高速工业缝纫机全面替代家用缝纫机。品牌、规模、质量和管理被越来越多的童装生产加工企业重视，"织里童装"品牌开始在全国童装市场叫响，织里的童装专业市场在全国的优势地位开始形成和确立，"织里童装"进入了第一个黄金期。

与此同时，羊绒、铝合金产业也发展起来，成为织里的重要产业。以铝合金新材为代表的有色金属行业是织里的重要制造业。目前，吴兴区的铝合金企业主要集中在织里镇的漾西，有各类铝合金企业 35 家，涉及熔炼、再熔炼、挤压、氧化、喷涂、喷塑等工艺。

织里镇先后获评"中国童装名镇""中国品牌羊绒服装名镇""全国重点镇"。

但在这一阶段，出于最大限度节约成本的目的，童装业的家庭式作坊，往往将住所和生产车间及交易场所布置在同一连通空间内，俗称"三合一"，即底层作为办公室和仓库，中间楼层作为生产车间，顶层作为居住场所。这样的布局给安全生产造成巨大隐患。

### （三）产业转型升级

产业的迅猛发展导致了就业人口在织里的集聚，也对织里城市的功能和规模提出了新的要求。2006 年，发生在"三合一"式童装企业的两场大火，让织里人认识到通过加强城市建设和管理，转变发展模式、拉动产业升级已经迫在眉睫。织里产业由此进入了转型升级期。

**1. 存量提升： 提高传统制造业品质**

（1）童装产业方面，织里积极推进转型升级，努力抢占价值链高点，提高童装产业品质。

第一，培育规模企业，鼓励做大做强。一方面，大幅挤压"低小散"产能的生存空间，以每年关停淘汰 2 000 家童装类生产经营户的速度，为优质企业发展创造条件。另一方面，全力推进企业"小升规"进程和示范户培育工作，充分盘活存量。在此基础上，鼓励童装企业通过并购、参股等形式，壮大企业规模，整合提升产业层次。

第二，严控童装质量，成就行业口碑。从童装企业、印染企业、标识标注印刷企业、棉辅料企业 4 个领域切入，整治以次充好、滥用商标、印制质量低等问题。充分发挥童装质量检测中心的作用，承担对童装成品及原料的质量抽检工作。目前，质检中心已与 800 余家企业建立稳定的服务关系。

第三，积极对外推广，加强品牌建设。成立湖州一路带进出口有限公司，以童装产业为整体开展对外宣传推介和产品促销，为中小微童装企业搭建起出口贸易的平台。打造阿里巴巴·织里童装产业带，开展线上运营、活动组织和推广，引导企业抱团入驻，提升整体品牌知名度与市场竞争力。建立品牌企业培育库，重点培育排定的100家童装品牌企业。

第四，推动众包模式，加快产业升级。织里正在从"织里童装＋织里制造"向"织里品牌＋全国加工"转变，在江苏、安徽、福建等地设立外发加工基地，参与"众包模式"的童装企业达4 000多家，占总数的30％。2017年，外发加工童装4.5亿件（套），占总产量的34.6％，实现产值130亿元，占童装总产值的28.9％。

（2）铝合金产业方面，以市场需求为导向，由单一铝合金材料向多样化有色金属精深加工转变。

第一，推进资源整合，全面整治提升。织里正在推进现有散小企业整合，形成规模。坚决杜绝新、扩项目，所有改、迁项目在满足污染物排放总量替代的同时，其选址、规模、工艺、装备、资源利用、污染防治等各项内容均应符合绿色智造新材料产业园有关要求。在产业链下游培育配套产业，以推进废弃铝材资源化。在生产环节，加快淘汰落后工艺装备，全面清查、取缔非法铝合金加工企业、炒铝灰点、未经审批的小氧化生产线及污染物防治措施不到位的生产线。

第二，整治厂区风貌，加强污染防治。织里健全污染物排放监测监控体系，进一步完善水污染、大气污染、固体废弃物污染防治措施。同时，实施雨污分流，完善污水收集设施，提升厂区环境。

### 2. 增量优化：战略新兴产业再培育

培育新材料、新能源、新装备等新兴产业是织里产业升级的重要方向。

第一，大力扶持现有新兴产业。在产业发展的过程中，织里已经拥有了一批本土的新兴产业。织里给予这些企业在资金和用地上的政策支持，想尽办法留住优质企业，促进新兴产业由点到线，形成集群发展。

**织里镇重点投资项目**

| 类型 | 项目总数 | 建设性质 | | 计划总投资（亿元） |
| --- | --- | --- | --- | --- |
| | | 新建 | 续建 | |
| 重点工业项目 | 36 | 20 | 16 | 293.20 |
| 重点服务业项目 | 30 | 12 | 18 | 275.00 |
| 基础设施项目 | 53 | 50 | 3 | 16.70 |
| 城市配套项目 | 27 | 19 | 8 | 60.95 |
| 乡村振兴项目 | 13 | 10 | 3 | 1.97 |

第二，坚持引进优质项目。织里以电子信息、智能装备、现代服务业等产业为重点，正在引进一批投资强度大、科技含量高、带动能力强的龙头项目。3 年内计划引进亿元以上项目 30 个，其中百亿元级项目实现了零的突破，智能制造和绿色制造占比 60% 以上。

### 3. 提供新型产业物理空间

无论传统产业的升级，还是新兴产业的孵化，都需要规划相应的空间来落地。织里以集约型园区为核心载体，为企业提供良好的产业空间。

第一，建设"两园"促进童装产业集聚。投资 70 亿元打造童装产业园，加快童装生产集聚，累计租售组合 126 个、入驻企业 55 家；投资 10 亿元打造童装产业环境综合整治配套园（砂洗城），推动产业节能降耗、减少污染，累计入驻砂洗企业 19 家、印花企业 337 家。

第二，建设织东智能制造板块。织里以"中国制造 2025"为引领，以绿色智造为主线，加快项目招引和落地，大力发展智能装备、信息技术、光伏新能三大新兴产业，加快推进龙头企业、重点行业智能制造水平的大幅提升。

### 4. 人才结构优化：激发产业活力

人才结构升级是产业升级的重要条件和驱动力之一，织里积极帮助企业筑巢引凤，促进人才结构调整。

第一，以优惠政策吸引人才。织里注重引才机制的建设，正在实施第三轮"南太湖精英计划"。以设计人才为例，首年入驻童装设计中心的高端人才，可以享受织里镇政府房租减免和物业费减半的政策，考核优秀者还能享受更多优惠。

第二，多渠道引进和培育人才。织里镇一方面加强产学研联动，与院校达成战略合作，引进优质人才；另一方面建设自有人才培训基地，打造童装电子商务孵化中心，依托湖州大家园职业技能培训学校，搭建"院校合作—院校输送人才—培训后输往童装企业"的电商人才培训模式，全年培训对象达 5 000 余人次。"中国童装学院"也在组建中，将为童装产业培养所需的设计、销售等人才。

第三，促进岗位结构调整，通过产业转型升级和城市功能提升，吸引更多高端人才，以产城"更新"实现人口"更新"。其结果是，一方面，织里的初级劳动力占比下降，如 2017 年从事普通机工的安庆籍新居民比 2012 年减少了 0.84 万人，占比下降 7.9%；另一方面，促进老员工的转型。以"布衣草人"为例，其电商合伙人本来是企业的一名普通员工，如今经由开拓电子商务业务，成了企业合伙人。

### 5. 资本要素：运营方式多样化

资本是产业转型升级的重要助力因素。通过有效的运营手段，资本能够大幅提升产业转型的效率与质量。织里为资本作用的发挥予以充分的政策配套和支持。

第一，发挥多层次资本市场的融资功能。织里全力引导符合条件的企业挂牌上市，打通直接融资渠道，目前已有 4 家公司完成上市，与资本市场建立了良性互动。织里还在积极打造"中国童装上市园"，试图把国内优秀的童装品牌全部集聚到织里来。同时，设立产业投资母基金，结合产业链各环节建立不同的种子基金，扩大融资渠道。

第二，实现资本人格化。支持"创二代"再创业，通过搭建一季一次的"创二代"联谊会交流平台等措施，营造创业环境，提供创业服务，积极引导本土企业再创业，最大限度地激活资本要素。

第三，加强财政激励。设立面向不同企业的多样化考核标准，对考核优秀者给予奖励。同时，给予部分企业一定的财政支持，帮助与鼓励其完成产业升级。

**6. 聚焦创新：加大先进技术推广**

产业转型既要完成结构升级，也要实现技术创新。织里加大先进技术的推广应用，力求打造中高端产业发展的新格局。

第一，推进童装企业应用新技术。2016 年，织里完成了 13 个童装企业的"机器换人"，2017 年全员生产效率同比提高 19.9％，亩均产出同比提高 15.2％，计划到 2020 年建成童装智能工厂（车间）20 个，上云企业 50 家。打造专业童装柔性供应链平台，采用互联网技术和大数据分析，为品牌商找到最匹配的供应商和加工厂，最短生产周期仅为 3 天。研发"滴滴打货"物流系统，尝试解决"第一公里"和"最后一公里"的问题。

第二，推进新兴产业向高附加值领域扩展。织里鼓励新兴产业聚焦于高端制造，其十大重点工业项目包括了高新线材、智能机器人、太阳能光伏等高附加值的产品。以金刚石切割线为例，该产品可用于晶体硅片及蓝宝石等硬脆材料，而晶体硅片又可应用于太阳能光伏行业，蓝宝石可应用于消费类电子行业，下游市场广阔，附加值进一步提升。

第三，推进技术成果的集聚。一方面，鼓励企业组建自己的创新团队，加大创新投入；另一方面，积极推动产学研联动，不断提高科研水平。东尼电子在 2016 年与南京航空航天大学签订了产学研合作协议，在技术指导、开发鉴定、科技咨询等多方面达成合作。

**（四）产业发展推动因素**

织里童装行业的发展主要得益于以下因素：

**1. 政策有力支持**

1992 年，湖州市政府在织里设立经济开放区，给予织里很大的发展自主权。1995 年 6 月，织里镇被国家体改委等 11 个部委批准列为全国小城镇综合改革试点单位，明确其拥有部分县级经济管理权限。这两条政策为乡镇企业的发展注入了新活力，织里镇党委、政府可以直接批准使用 5 亩以下的企业用地。独特的优势条件吸引了一批创业者，尤其是在当地政府"还乡创业"的号召下，许多原本奔走在全国各地经商的织里人借着政策红利，回乡发展实体经济，涌现出一批以珍贝羊绒、阿祥重工为代表的民营企业，形成了集聚效应。1999 年，织里实现了"五镇合一"，可用地规模增加，产业发展空间急剧扩大，拉动了各类要素快速向镇区汇聚，打下了良好的产业发展基础。

### 2. 产业链条完整

织里在已有市场的基础上建设了"织里中国童装城"，具备交易、展示、研发、信息、商务等功能，目前共有 300 余家面料、辅料、样衣经营户入驻，年交易额为 50 亿～60 亿元，是我国最大的专业童装面辅料市场。

织里也为童装产业链的各个环节提供了硬件支撑。童装城建成后，与童装产业相关的印花、绣花、砂洗、面辅料企业在织里得到成长，劳动力市场、联托运市场等也相继升级，企业的交易成本降低，获得更多的信息与合作机会，产业的集群式发展优势得到了充分体现。2016 年，织里被工信部认定为"产业集群区域品牌建设试点地区"。

### 3. 配套服务完备

基础设施的建设拉动了配套服务的发展。织里围绕童装产业，逐步建成了配套的设计中心、质量检测中心、信息中心、培训中心、展示中心五大服务平台，并成立了以童装商会为主的各类行业协会。2003 年，织里被中华商标协会确定为"中国童装商标重点培育基地"。

织里尤其注重童装产业的宣传、展示、交流的配套服务体系建设。自1998 年起，织里开始定期举办全国童装设计大赛，首届大赛就收到了来自全国 25 个省、自治区、直辖市的 1 576 件（套）参赛作品。一方面，设计大赛成就了织里童装产业在中国的领军地位；另一方面，大赛为培养童装专业设计队伍奠定了基础。目前，织里拥有各类童装设计师近2 000名。

齐全的基础设施和配套服务吸引了全国各地的创业者。织里江西商会副会长刘凯表示："我们过来做生意都很方便，像办营业执照、设备引进这些问题，在这儿都能很快解决。"

**（本文根据中国人民大学教授宋建武团队织里调研材料整理）**

## 织里实践 >>>

　　20 世纪 80 年代初，织里人率先响应党的改革开放政策，凭借"一根扁担打天下"的信念，走南闯北销售以绣花枕套为主的自制的纺织、刺绣产品，开始了产业资本积累和市场探索。80 年代中期，织里人在传统纺织、刺绣产品生产的基础上，开始较为集中地进入童装产业。1983 年，织里镇党委、政府在沿河老街上用玻璃钢瓦搭建 36 个简易棚，完成了第一代市场的构建，形成了一条从生产到销售的原始产业链。1985 年，又建立了"湖州市织里轻纺绣品市场"，并从 1987 年开始连续 5 年被国家工商局评为"全国文明集贸市场"。这一时期，童装生产加工户规模小，大多利用家庭住房生产，但童装产业已经从 0 到 1、从 1 到 N 逐步发展壮大，奠定了其作为织里镇富民产业、支柱产业的地位。

　　步入 20 世纪 90 年代，织里童装产业迎来了集聚爆发期。1992 年 8 月，湖州市政府批准成立织里经济开放区，给予织里镇很大的发展自主权；1995 年 6 月，织里镇被国家体改委等 11 个部委列为全国小城镇综合改革试点单位，赋予部分县级经济管理权限。这两大改革举措让织里人看到了发展机遇，织里童装的家庭型生产加工户明显增多，外来人口大量涌入。1993 年，织里镇政府建立了"中国织里商城"，形成了第一代面料市场，并很快发展成为全国面料集散交易中心。1997 年，紧靠 318 国道建立了"中国织里童装市场"，吸引了来自全国各地的批发商到织里采购。1999 年，织里实现了"五镇合一"，可用地规模增加，童装产业发展空间急剧扩大。"织里童装"区域品牌开始在全国童装市场叫响，织里的童装专业市场在全国的优势地位基本确立。2002 年织里镇被命名为全国唯一的"中国童装名镇"，2003 年又被中华商标协会认定为"中国童装商标重点培育基地"。此时的织里镇与广东佛山环市镇、福建石狮凤里镇并称为全国三大童装产业基地，形成了"三足鼎立"的格局。

随着童装产业的爆发式发展，传统"三合一"生产模式面临巨大安全隐患，并最终导致了 2006 年的"两把大火"。这一年，织里镇痛下决心开展"消防大整治"，对"三合一"场所实行"生产生活水平分离"，并着手规划建设童装生产园区，引导童装企业"生产进园区"。从 2008 年开始，织里镇相继建设了"祺龙工业园""织里童装产业示范园区"等标准厂房园区和"金丰园""创新园""创强园"等独立厂房园区，为优质童装企业的发展壮大提供了良好空间。期间，注重研发、打造品牌、拓宽渠道已成为童装企业的发展共识。织里镇顺势而为，2010 年建成了"织里中国童装城"，成为全国最大的专业童装面辅料市场，完善了产业链；2012 年在全国率先打造"阿里巴巴·织里童装产业带"，并建立电商孵化中心，推动童装线上交易呈几何数增长；2013 年起连续 3 年举办"全国童装设计大赛"，并建立童装设计中心，引导童装企业加强自主研发，提升产品核心竞争力。2016 年，织里镇被工信部认定为"产业集群区域品牌建设试点地区"，"织里童装"在全国的行业龙头地位已然确立。

织里童装产业历经 40 年的发展，先后建成了国内有较大影响的两大成熟童装市场，形成了从童装设计、研发、生产、销售，到面辅料供应、物流仓储、品牌运营等相对完整的产业链，成为中国规模最大、分工协作最紧密、反应速度最快的童装产业集群，并呈现出三大特点：

（1）产业规模最大。据不完全统计，目前全镇共有童装生产企业 1.3 万家，童装电商企业 8 700 余家，年产童装 14.5 亿件（套），年销售额超 600 亿元，占据国内童装市场 50%。此外，全镇参与"外发加工"的童装企业达 4 000 多家，外发加工童装 4.5 亿件（套），实现产值 130 亿元，有效带动了周边地区群众脱贫致富。

（2）企业层次较高。目前，全镇共有规模以上童装企业 118 家，拥有"林芊国际""今童王""布衣草人""不可比喻""田果果"等省、市著名商标 47 个，各类童装设计师 5 000 余名。一大批童装企业已从过去传统的"现抄现做现卖"的"现货制"批发生产模式，转型提升为"先研发、再订货、后生产"的"期货制"品牌经营模式。

（3）行业总体安全。近年来，织里镇严把消防安全、产品质量安全

"两大底线"，力保童装产业健康可持续发展。2006 年成立童装质量检测中心，目前已与 800 余家企业建立了稳定的服务关系，年均检测 10 000 批次以上。在"三合一"场所整治全面到位的基础上，2017 年又对全镇 5 500 多个农村童装加工点开展综合整治，2018 年底全面取缔，基本消除消防安全隐患。

## 一、书写转型传奇

漫步织里古镇街头，外来打工的小伙子、姑娘们，三五成群，难得地在轻松中逛街。喧闹的人声，水一般在街道上快意流淌。而临街的店铺，大都灯火通明，老板们还在忙碌着生意……

这一股股人气的涌动、蒸腾，展示着古镇的转型传奇。

同样经历疫情和外部环境变化的冲击，同样承受用工难题的困扰，织里的童装产业依然一派兴旺景象。

先看一组骄人的数字，童装类企业年销售收入突破 600 亿元，连续多年名列全国市场占有率首位，全国每生产 3 件童装，就有 1 件产自织里……

数字背后，是古镇人的智慧和坚韧，是织里从家庭作坊到童装名镇、穿越风风雨雨几番转型升级的艰辛历程。

织里是鱼米之乡，田少人多，民间早有缝纫手艺。20 世纪 70 年代，织里人就偷偷摸摸生产手工绣花的枕套和帐沿，叫卖远近乡里。80 年代，江苏南通机器绣花名噪一时，更胜一筹，轻易打败了手工绣花。织里人逼上梁山，开始了第一次转型：转入儿童服装生产。成本小，门槛低，绣上小猫小狗又是织里人的强项。家家都有小作坊，户户都闻机杼声。90 年代建立童装专业市场，终于迎来大发展时代。

随后，风云变幻，全国童装产业的竞争骤然加剧。织里人主动出击，开始了第二次转型：向产业集群化进军。从坯布、面料、辅料到印染、砂洗、绣花，还有金融、仓储、电信等，一条产业链逐步形成。当广东佛山忙于产业升级、推动童装企业外迁，福建石狮改走海外市场、出口严重受挫之时，小镇织里则赢来 20 多年来的最好时光。

尽管当时童装产业的订单应接不暇，但织里人也明白，成本增加，劳动力紧缺，土地资源有限，如果就此止步，危机迟早会降临。织里人未雨绸缪，正在启动一场更为深刻的产业转型：从传统销售方式向现代营销模式转变，从依靠价格竞争向依靠品牌竞争转变，从数量扩张向品质提升转变。

走进今童王服饰有限公司。当年靠 6 台缝纫机出道的作坊，如今已是织里童装业的旗舰。朱新根总经理亮出了企业的转型底牌：微笑曲线向上延伸，将研发中心搬到上海，引进一批高端设计人才；向下延伸，一改传统的代理商模式，在全国相继开设了 300 多家连锁店，统一形象标识，统一管理模式，增强了对市场的反应力、掌控力。看起来，渠道建设增加了补贴代理商的费用，也承担了不小的市场风险，但是企业心里清楚：拥有一个自己掌控的销售网络，好产品才能卖出好价钱。

把文化创意引入传统产业。今童王与上海一家文化公司签署合作协议，携手挺进文化创意产业，启动 3D 动画连续剧《今童王世界》的创作生产。连锁店把企业文化延伸到终端市场，传播的是品牌文化；动漫故事的制作既是全新的产业开发，也是精美的品牌文章。

织里，不仅是"中国童装之都"，一批新兴产业也已悄然生根、开花、结果。

看羊绒服装业。织里并非原材料产地，但如今从事羊毛羊绒生产企业已有 100 多家。

这些企业纷纷组建以高等院校为技术依托的新产品研发创新中心，几年来开发了抗静电、抗起球、防辐射、负离子多功能、可机洗等羊绒系列产品，实现了由单一的产品创新向全面技术创新的跳跃。2009 年，织里被授予"中国品牌羊绒服装名镇"称号。

看金属制品业。在标杆企业栋梁新材公司采访，谈及转型，总经理陆勋伟气定神闲，"听市场的"。企业从铝合金型材起步，现在主营的还有 PS 版铝板基以及铝装饰板。虽然还是铝合金，但从建筑做到印刷，再做到机车、航天，潜力巨大。"外部环境变化对我们基本没有影响，现在的困扰是很多找上门来的国内订单因为生产能力有限，不得不婉拒。我们的转型就是立足主业，稳步提升。"

看装备制造业。领跑者是阿祥重工集团。大字不识几个的农民企业家潘阿祥，带领企业从生产电缆到生产亚麻、铝合金，一次次艰难转型，一步步快速成长，现在已经将目光锁定在装备制造领域。集团投资7.6亿元兴建的数控重型机械配件生产线等项目先后投产。潘阿祥的理念是，"越是经济不景气，越要奋力冲一冲。唯有加速转型，才能在调整期中占据主动，在危机过后赢得先机"。采访中得知，年轻的总经理潘洪华第二天就将率团前往德国，肩负3项使命：趁人民币对欧元升值，采购德国设备；洽谈技术合作；伺机收购小型德国企业。

看新能源产业。贝盛光伏是传统龙头企业珍贝羊绒拓展产业领域、谋求转型升级的成功之作，目前投产的多晶片光伏电池生产线在全国不超过10条。

织里，正形成童装羊绒、机械电子、金属制品、生物医药和新能源五大百亿元级产业群。

也许，人们习惯于"一镇一品"，赞叹"一枝独秀"。织里人更追求"群峰竞秀""春色满园"，让每一种产品业态都很生动、很精致，每一片产业生态都很葱茏、很茂盛。

从织里古镇短短二三十年间如此雄劲的崛起、如此深刻的转型中，我们看到了民营机制的蓬勃活力，也领略了政府服务的科学引领。

跟织里镇干部交谈，真切地感受着这里的干部对转型的思考分外清醒、睿智和务实：转型不是一句口号，是为顺应市场化而转，为提升竞争力而转；转型不是只有一种模式，织里有新辟蹊径、腾笼换鸟的，更多的是立足童装、深耕细作的。有人就要穿衣，做精做强，童装就永远是朝阳产业；转型既要培大，又要扶小。就像交通，既要建设高速铁路，又要修好机耕道、乡间小道。培育大企业，它是标杆龙头，更多的是强镇；扶植小企业，它是产业基础，更多的则是富民。

转型中，镇政府自我定位明晰：产业政策引导，市场体系建设，公共服务供给。

政府先后投建六大平台：中国童装博物馆、中国童装商标（织里）重点培育基地、浙江省童装质量监督检测中心、童装信息中心、童装设计研发中心、中华童装网。

这里的设计研发中心运行因企而异，别具特色。当初政府招引来一批专门人才，统一为企业提供设计服务。老板们都知道设计是核心竞争力，在同行竞争的压力下，一年下来，人才就全部被挖走，连画图打样的都无法留住。于是，政府转换思路，定向服务企业设计中心，着力协助体系建设。

建设专业童装交易中心，是政府的又一大手笔。国内规模最大、规划总建筑面积近 70 万平方米的织里中国童装城的崛起，一改传统市场面貌，集交易、研发、展示、信息、仓储、物流、金融、商务、旅游等功能于一体，写就了织里名镇童装业转型传奇中的崭新一页。

童装城已引入数百家国内知名品牌童装，并成功引进 200 多家韩国品牌童装组成的"韩国品牌童装馆"。国内外知名品牌童装的全面进驻，大大提升了童装城的整体形象，也带来了先进的经营理念、管理模式、设计思想，为织里童装产业研发、生产、销售提供了更为强大的引擎。

## 二、升级"微笑曲线"

从古至今，纺织、刺绣等工艺在织里一直占据非常重要的地位。20 世纪 80 年代初，织里镇几乎家家户户都会做床罩、被套和绣花枕套，当地民间有"在家一台洋机绣枕套，在外一人挑担跑买卖"之说。目前，织里有 13 000 余家童装类企业，织里童装产量为 14.5 亿件（套），销售额 600 亿元，占国内市场份额的 50%，拥有童装类省市著名商标 47 个。

### （一）缝纫机装计算机 设计版样作卖点

一件童装，生产环节利润只有 15% 左右，80% 以上的利润产生在前端的研发和后端的营销环节。近年来，织里狠抓童装升级，摒弃之前"眉毛胡子一把抓"的模式,注重"微笑曲线"两端,着力提升设计和销售能力。

2013年,织里投资2000万元打造了全国首家童装设计中心——中国织里童装设计中心。设计中心里,除了一家家供入驻设计企业使用的独立工作室外,还设有样衣工作区、发布厅、设计沙龙及多功能厅等公共服务配套。中心承诺:"入驻企业只需要把设计人才带来,其他环节所需要的配套服务,中心都有。"目前,童装设计中心入驻优秀设计团队20家,平台常驻设计师240人左右,中心设计开发童装款式达1.5万件(套),发布流行资讯9.3万条,成为织里童装流行趋势、流行品牌的发源地。

"我们主要做品牌系列,一个系列最多时有50多个版样,一个版样能卖到4000元。"中心入驻设计工作室"九色衣柜"负责人霍润才介绍。"九色衣柜"的主打设计是羽绒童装,团队完成1个系列设计一般只需1个月时间。霍润才说:"我把老公司的样衣制作设备全都卖了,因为设计中心这里都有,还免费使用。现在一心琢磨设计,已经跟迪士尼、西松屋等很多大品牌实现了合作。"

随着电子商务的兴起,依托规模庞大的传统童装业,织里的"网络童装市场"正在逐渐形成。仅2019年织里童装就实现线上销售额120亿元。织里镇与阿里巴巴集团经过多次磋商沟通,决定开展战略合作,共同打造"阿里巴巴·织里产业带",织里成为中国首家入驻阿里巴巴产业集群平台的产业带。截至2018年第二季度,织里镇产业带入驻商家4725家。织里镇的大河村、河西村和秦家港村更是有名的"淘宝村",村里的缝纫机都换成了计算机,3村共有超过2000家电商企业。

## (二)让"微笑曲线"扬起来

马伟忠是织里镇上第一批童装经营户,如今他掌舵的企业"布衣草人"把童装通过互联网卖到了国外,成为当地第一位尝试跨境电商的人。"以前,我们也是前店后厂的模式,我还清楚地记得每天蹲在店门口打包的场景。"如今企业成立了电商部并开发了自己的电商平台,产品出口10多个国家和地区，还在一线城市开设设计分公司。布衣草人目前在海外电商市场已有 8 个站点，销售额日均超 1 000 美元。

来到布衣草人服饰有限公司，在几间宽敞的生产车间里我们看到，往日排列整齐的缝纫机已经找不到了，有的车间中间只摆了两排电脑隔间，10 来个年轻人安静地坐在电脑前上网，在网上搞销售；有的车间全部腾空了，墙壁画上了时尚的图案、装好了斑斓的彩灯，变成了服装展示陈列室、摄影室。

这家童装厂从 5 台缝纫机起家，高峰时期有 300 多名员工，七成生产工人、三成销售人员和设计师，是典型的劳动密集型企业。

"我们现在变成'三七开'啦！"30 岁出头的董事长马伟忠高兴地说，"现在搞生产的只剩 70 多名跟了公司多年的熟练工，七成员工是设计师、网络销售员。"

"三七开"给布衣草人带来新的成绩单：公司专注于设计研发和网络销售，而将生产外包，目前年营业额超亿元，毛利率达 25%，不仅传统制造业面临的资金链、用工荒等问题迎刃而解，利润率也极大超过传统制造业。

企业乐于转型的背后，是政府强有力的公共平台支撑。自 2012 年以来，织里镇结合浙江省"四换三名"工程的推进，实施童装设计中心、质检中心和电子商务孵化中心三大公共服务平台建设，累计投资近 5 000 万元。

"经过 30 多年市场经济发展，我国已跨越了以制造为核心、由生产决定消费的阶段。现在，设计和销售就是产业'微笑曲线'的两端，而制造只是中间环节。织里已明晰了自己的发展方向。"织里童装科技创新中心负责人说。

从"七三开"向"三七开"转型在织里童装企业中渐成共识。"我这栋楼以前是典型的'三合一'，去年把生产搬到外面，留出来的空间改成了设计师工作室和展示厅，让设计师在更有艺术感的空间里工作。"曾做过油漆工的多啦啦服饰有限公司董事长陈水龙甚至自己动手，把楼梯都漆上各种艺术图案。

"今后我们的钱要从这里赚。"陈水龙用手指了指脑袋，坚定地说。

两年多来，织里童装产业集群发展的"成绩单"相当亮眼：目前销售收入超亿元企业 5 家，5 000 万元以上企业 46 家，2019 年童装线上交易额达 120 亿元。而 3 年前，当地只有一家童装企业产值过亿元，万家童装企业利税尚不如 2 家非童装行业龙头企业之和。

对于未来童装业的发展，织里也有深入的思考和谋划。织里镇与杭州职业技术学院拟共同筹建中国童装学院（杭州职业技术学院湖州织里分院），为织里童装产业培养高契合度的人才，破解童装产业人才难题；织里镇拟打造总占地面积 1 000 亩的童装上市企业总部园，在全国范围内招商，争取把中国最优秀的童装品牌全部集聚到织里来，加快织里由"童装名镇"向"童装强镇"转变步伐；根据童装产业对仓储、配送、管理、结算、运营为一体化管理的需求，建设织里童装物流园区，将其打造成全国乃至全球具有较大规模、信息反馈及时、运作方式先进的现代化大型仓储物流基地。

"不管新老居民，大家仍然从内心希望织里发展、稳定、繁荣。因此我们的决策还是坚持从改革发展中赢取红利，努力往微笑两端走而不是停留在低点。"当地负责人表示。

当地着力破解社会综治、产业转型和城市发展三大难题，以"用脚步丈量民情、用民意引领服务、用创新提升民富"，使织里呈现出"由乱到治"、转型升级的"微笑曲线"向上扬的态势。

## 三、"小童装"闯出"大世界"

一边，窄窄长长的扁担街留存了改革开放之初童装马路市场的记忆；一边，童装电商小镇、织里童装产业示范园等释放发展新动能。这就是位于太湖南岸的湖州市吴兴区织里镇。

从 0.58 平方千米到 25 平方千米，从单纯的本地户籍人口到 45 万新老织里人和谐共处，40 多年改革开放，小小的织里镇，因小小的童装发生翻天覆地的变化。

（一）一根扁担"挑"出童装之都

通过吊挂系统，一件件童装在车间悬空穿梭，电脑裁剪、拉伸、自动缝边，不到 1 分钟，一件精致的儿童连衣裙就从布料变为了成品。这是在织里镇今童王童装公司自动化车间看到的场景。

"这样的效率，在我靠着 6 台缝纫机打天下的创业初期简直无法想象。"公司董事长濮新泉感慨。

"一根扁担两个包，走南闯北到处跑。"改革开放初期，曾经"遍闻机杼声"的织里，许多农民创业者靠着家里的一台缝纫机做起了小买卖。

"就缝一些被套、枕套拿出去卖。"如今在织里童装城经营一家布料行的杨进根说。没有行销证件，没有目的地，哪里有菜场、市集，就在哪里摆起小摊。"最远到过郑州，一次带着几百套枕套，半个月就能卖完，一趟下来能赚 200 多元。"

20 世纪 80 年代中期，织里人在传统纺织、刺绣产品生产基础上，开始集中进入童装产业，童装成了织里镇的产业名片。

织里镇党委书记宁云说，几十年来，虽然织里童装产量有过起伏，但织里童装一直走在转型发展的路上：家庭小厂有序进入产业示范园区规范生产；产业工人从出租屋搬进员工宿舍；规模以上企业正在用品牌谋求上市……

据不完全统计，目前织里镇共有童装生产企业 1.3 万家，童装电商企业 8 700 余家，年产童装 14.5 亿件（套）。

（二）从"微笑曲线"两端找利润

"现在织里童装主要在'微笑曲线'两端，也就是在设计和销售上做文章。"中国织里童装城业务负责人张凯说。2010 年建成的织里中国童装城，除了传统的面料交易、辅料采购，还是覆盖设计、打样、展示、营销、拍摄为一体的童装设计中心。

设计师胡丽琼原来是织里童装厂的普通员工，如今开起了设计工作室。"原来织里的模式就是'现抄现做现卖'，现在我们卖的是创意、设计。"她说，只要有灵感，设计师可以马上通过 3D 排版设计，大体感知效果，如果可行就能在打样间做出一个样品，最后在隔壁的走秀台通过每周 10 多场的小模特走秀展示。

据介绍，这个设计中心已经汇聚了近 20 个工作室，每天都有新的童装款式被当场买走，有的甚至成为当季热销品类，每个设计团队年平均收入约 200 万元。

濮新泉说，品牌化经营后，企业同款童装的利润率至少提升 40%。"一线工人减少了，设计团队扩大了；车间劳动减少了，网上营销增加了。"

在今童王园区内，有一片专业童装摄影场地，卧室、运动场、火车站、咖啡厅所有生活场景一应俱全。每到傍晚，会准时迎来一波拍摄高峰。

据了解，童装行业还带动了化妆、小模特培训、摄影等许多衍生产业。

张凯说，通过一根网线，2019 年织里童装已经实现了 120 亿元的网上销售额，"双十一"仅织里镇有名的淘宝村大河村就实现了 5 亿元的销售额。2019 年，织里童装实现年销售额超 600 亿元，约占国内童装市场份额的 50%。

## （三）从产业富民到和谐兴业

童装产业为小镇带来了财富和大量外来人口，更重要的是，织里把这些异乡人留了下来。江苏盛泽人王汉超从小跟着父母到织里创业，大学毕业后又回到了织里经营面料生意。"小到一块吊牌、大到面料辅料，在织里已经形成了成熟的童装行业产业链。我觉得在这里有更多的事业发展机会。"王汉超说。

来到织里的打拼者最后成了创业者，靠童装产业在织里扎下根来。

织里童装商会会长杨建平说："从事童装近 30 年来，我带出了近百个老板，有的在织里办厂，有的在老家做老板，这是我感到最骄傲的事情。"

现在，织里每年外发加工童装约 4.5 亿件（套），产值 130 亿元，有效带动了周边地区群众脱贫致富。

改革开放 40 多年年来，织里童装产业转型的背后，是织里小城镇的转型、新老织里人的转型，成功走出了一条团结打拼、和谐相处、共谋发展的"织里之路"。

## 四、童装产业新前景

站在新的历史方位，织里镇正在谋划未来 5～10 年的产业高质量发展，由"一业独秀"转向"多元驱动"，"走南闯北"再出发，推动织里童装走进"一带一路"倡议相关的国际大市场，而由此逐渐碰到的政策瓶颈亟待协调解决。

### （一）壮大集群经济加速转型升级

20 世纪 80 年代初，织里人率先响应党的改革开放政策，发扬敢闯敢冒、敢为人先的织里精神，凭借"一根扁担打天下"的信念，走南闯北销售以绣花枕套为主的自制纺织、刺绣产品，开始了产业资本积累和市场探索。

织里镇党委书记宁云介绍说，织里童装产业至今可以概括为经历了萌芽生长期、聚集爆发期、转型调整期、全面提升期。多位当地干部和企业主表示，尤其是先后发生的 2006 年"两把大火"和 2011 年"10·26"事件，促使织里童装行业加速转型升级，以增强产业核心竞争力和可持续发展为导向，为童装高质量发展积蓄后劲。

#### 1. 产业集群规模占比高

据不完全统计，目前织里全镇共有童装生产企业 1.3 万余家，童装电商企业 8 700 余家，年产童装 14.5 亿件（套），年销售额超 600 亿元，占据国内童装市场50％。全镇有"外发加工"的童装企业4 000多家，外发加工童装4.8亿件（套），实现产值143亿元，联动推进周边地区群众脱贫致富。

**2. 营销模式市场化程度高**

织里镇共有规模以上童装企业137家，拥有不可比喻、林芊国际、今童王、布衣草人、田果果等省市著名商标47个、各类童装设计师5 000余名。一大批童装企业已从过去传统的"现抄现做现卖"的"现货制"批发生产模式，转型提升为"先研发、再订货、后生产"的"期货制"品牌经营模式。

**3. 行业安全整体水平高**

自2006年"两把大火"以来，织里镇痛定思痛，严守消防安全、产品质量安全两大底线，全力推进童装产业健康可持续发展。成立童装质量检测中心、设计中心、电商孵化中心。整治"三合一"场所、取缔5 500多个农村童装加工点，同步启动"宿舍革命"，推进"智慧消防"等，彻底消除安全隐患。

**（二）由"一业独秀"转向"多元驱动"**

多元支撑、创新驱动、品牌竞争，成为近年来织里镇童装产业迈向高质量发展的重要抓手。

从规模扩张转向结构升级，构建高质量的产业体系。童装产业的重要抓手之一就是延伸产业链向中高端领域发展，构建童装全产业链，提质增效推动童装生产迈向新时代。同时，不断提高配套的先进制造业和现代服务业发展水平，提升城镇经济发展水平，培育新的经济增长点，形成新的产业支撑。

从要素驱动转向创新驱动，培育高质量的支撑动能。依托织里产业创新服务综合体等平台建设契机，引入新产品、新技术、新业态，扎实推进"互联网＋""机器人＋""标准化＋"等，提升高质量发展支撑动能。通过重点强化产学研合作，大力实施企业人才优先开发战略，支持企业开展院士专家工作站、博士后工作站、高层次人才创业创新基地等平台建设，提升企业家素质，将其培育成为行业领军型人才。

从产品竞争转向品牌竞争，全面实施品牌战略。实施企业品牌梯度培育计划，鼓励和支持企业争创驰名商标、国家质量奖、省著名商标、省质量名牌产品，打造一批具有较大知名度和较强竞争力的"织里制造"品牌。湖州男生女生服饰有限公司董事长柯文化表示，要借力"一带一路"发展，逐步向中亚、西亚等地区推广"中国童装城""织里童装"品牌。

（三）先行先试走进"一带一路"

秉承"一根扁担两只包、走南闯北到处跑"再出发的织里精神，童装企业正在将视野转向更广阔的国际市场，让织里童装"走出去"。

经过调查分析，织里镇领导班子认为，从人口数量和消费能力来看，以波兰为代表的中东欧国家、以印度尼西亚为代表的东南亚国家、国土面积第一大国俄罗斯可作为首选市场；从区域辐射能力看，迪拜为中东的经济金融中心、旅客和货物的主要运输枢纽，以迪拜为中心的中东市场开发潜力巨大。目前，湖州男生女生服饰有限公司已在东南亚完成近 10 个商标注册。下一步，织里将加快贸易金融产品创新，鼓励金融机构积极创新内保外贷、境外融资贷款等结构性贸易融资业务；完善外汇管理机制，探索建立织里非居民个人交易数据库，允许符合条件的境外自然人在取得个体工商户营业执照后开立个人外汇结算账户。同时，深化个人跨境贸易人民币结算业务试点，探索符合条件的个人直接以人民币结算进出口贸易，跨境贸易企业增值税试行即征即退优惠政策。

五、经济治理中的企业和企业家精神

企业作为中坚力量，与产业的业态变化密不可分，也是织里经济治理的主体。企业家的创业史是织里经济发展的缩影，其成就可以被称为经济治理领域的"织里经验"。

## （一）45 秒生产一件童装连衣裙

16 岁从田坂里洗脚上岸以来，濮新泉先后做过木工、卖过面料、合伙办过面料厂、在水泥厂跑过供销。20 世纪 90 年代初，国内市场对童装的需求是"如饥似渴"，看到身边的人在童装产业中获得的商机，他买了两亩地，盖起了简易的活动板房，6 台缝纫机，十来个人，"一根扁担两只包，一本地图全国跑"，凭着这股"扁担"精神，他硬是闯出了自己的市场，并成功地打入了北京王府井百货大楼和西单商场。

进驻商场，让濮新泉的作坊、小工厂不再是生意的全部。"为什么美国的米老鼠和台湾的丽婴房产品可以标出比成本高几倍甚至十倍的价格，在市场上还很好销呢？"这是濮新泉又一次深思的问题。

于是濮新泉模仿品牌企业生产销售理念，于 1996 年成立今童王服饰公司，注册了商标"今童王"和"芝麻开门"，其中"今童王"寓意做今天的童装大王。目前今童王是中国十大童装品牌之一。

设计是童装企业的核心竞争力。为了更好地接轨时尚以及方便人才汇聚，2000 年，濮新泉将品牌设计、营销重心从织里转移到了上海。2001 年上海举办国际服装节，在中华杯国际童装大赛上公司品牌荣获金奖。目前公司共有专业设计师 15 人。

针对童装产业特殊的消费群体，2012 年今童王与动漫制作公司共同制作 52 集 3D 动漫《今童王世界》，并在央视少儿频道播出，用动漫诠释品牌文化，引领动漫营销，当年带来利润近千万元。2017 年公司年产值达 1.17 亿元。

2013 年今童王成立研发小组，逐步引入智能化设备，目前公司拥有国内先进的电脑裁剪系统、智能自动流水线，将每道工序进行精细化管理。从经济效益讲，智能系统改进作业流程，可节省成本 10%～15%，月产量同比增加 10%～15%，产品返工率降低 5%～8%，销售收入增加

10％～15％。走进今童王的车间，可以见证 45 秒生产一件童装连衣裙的神奇魅力。

2006 年 9 月，织里童装商会成立了，濮新泉被公推为第一届商会会长，利用这个平台他组织大家走出织里，到一些大型童装企业如"红黄蓝""巴拉巴拉"等企业参观学习，吸取这些企业品牌发展中的一些优秀经验。在濮新泉的带动下，一批有知名度的织里童装品牌应运而生。

## （二）童装企业的二次腾飞

布衣草人起步于 1996 年，是织里童装服饰品牌的杰出代表。创始人马伟忠的四个"注重"，让企业有了前沿的设计、高质量的生产、一流的服务，最终形成现代化的规模生产。

### 1. 注重设计

布衣草人起步于 1996 年，在创业初期，马伟忠就注重设计上的差异化。织里活跃的专业市场为他打开了产品思路，通过市场调研，马伟忠选择销量好的款式进行改良生产，在同质化市场中拥有了极强的竞争力。

但马伟忠很快发现，光靠改良会让企业在市场中处于较为被动的地位。"比方说想生产春季的产品，我们要等广州、杭州、上海的春装出来了以后，才能买样品去做改良，这就延迟了我们的进度。"2003 年，马伟忠开始从人才和设备两方面入手，提高企业的自主设计能力。一方面，他亲自跑到江西蓝天服装学院招募优秀的学生，并在钱江晚报上登设计师招聘广告。为了吸纳想在广州、上海、杭州等地工作的设计师，马伟忠在各地开设分公司，为设计师提供相应的工作环境。另一方面，布衣草人引入电子设备，使用电脑来进行服装打版。"在亲自招设计师和引入电脑打版上，我能算是织里的领先者了。"此外，马伟忠每年都会派设计师去国外学习，力求将最前沿的时尚元素融入每一款童装中。随着人才和设备的提升，布衣草人接连做出爆款，销路被彻底打开。马伟忠笑着说："当时电话真的需要经常关机，不然会被想订货的客户吵死。"目前，布衣草人已经拥有了 108 项外观设计专利。

## 2. 注重品牌

2003—2005 年，布衣草人迎来了高速发展，但是马伟忠却感到童装市场的供需关系发生了变化。"以前是先交钱再发货，后来变成了先发货再交钱，有的甚至拖到年底才付款。"童装市场已转为买方市场，如果继续夹在"千军万马过独木桥"的低档竞争中，企业的长期发展将难以为继。布衣草人果断改变策略，将品牌化作为发展方向。

马伟忠先是花重金请人为企业打造视觉形象系统，并且成为当地最早制作产品吊牌的企业，尝试提高布衣草人在市场中的知晓率。

面对供过于求的大环境，马伟忠试图用品牌去绑定一批固定客户，于是有了开设直营店的计划。他抓住其他企业退出杭州市场的机会，在杭州闹市区开了第一家直营店，并投资 30 万元做门店的 VI 设计。"有了直营店，销售渠道就能稳定下来"。为了吸引客户加盟，马伟忠不惜成本在杭州开了场产品发布会，用的是 T 台走秀形式，这在织里又是一次创举。尽管直营店模式起初不被看好，但是四川代理商的成功，让其他代理商看到了品牌和渠道的力量。随之而来的是布衣草人专卖店如雨后春笋般地在全国出现，成为了公司的核心资产。如今，布衣草人旗下已经拥有多个品牌商标，在春秋两季均会召开新品发布会，以品牌开拓市场的效果显著。

## 3. 注重市场

除了线下市场，布衣草人注重电商市场的开发，是织里率先"触网"的童装企业。从仅有 1 名员工负责淘宝店，到成立天猫旗舰店，再到如今成立电商部，其互联网的策略在不断升级。

发展电商业务的初衷，是为了处理门店周期性退货的问题。随着市场拓展，布衣草人开始做电商定制版，根据客户的喜好和消费水平，制作性价比更高的衣服。2014 年，布衣草人入选由浙江省电子商务协会评定的"浙江省电子商务最佳创新企业"。

由于国内电商市场的价格战越来越激烈，布衣草人开始发展跨境电子商务。马伟忠从"微笑曲线"的两端——研发和销售入手，专门组建了跨境电商的设计和营销团队，日均跨境销售额 1 500 美元，产品出口 10 多个国家和地区。

### 4. 注重高新技术

布衣草人注重引入高新技术来实现企业的二次腾飞。

企业管理上，布衣草人很早就引入了信息化设备，拥有自己的数据服务器，支持生产和大规模自主电商业务。

生产设备上，布衣草人购入先进发电机以应对突发情况。2017 年，布衣草人投入了 50.6 万元的科技活动经费用于设备维护，保证生产的稳定性。

人员结构上，布衣草人积极推进"机器换人"，逐渐摆脱劳动密集型企业的标签。如今，企业用工结构已经调整为"三七开"，即从事一线生产的熟练工仅占 30％，70％员工是设计师和网络销售员。

### （三）以口碑炼就品牌

珍贝创立于 1986 年，1996 年开始将生产方向调整为羊绒制品。珍贝在品牌运作上一直很低调，却牢牢占据着大量的市场份额。董事长邱金元在总结珍贝的发展道路时表示，真正的品牌高端，要依靠生产高端、品质高端、创新高端三者的合力。

### 1. 生产高端

珍贝进入羊绒行业时，国内的市场秩序还十分混乱：低产量的羊绒无法满足众多加工企业的产能需求，且大多企业规模小、技术差，市场中流通着大量的假冒伪劣产品。当时，羊绒市场上也已经有了鄂尔多斯、天山等龙头企业，因此很多人不看好珍贝的前景。面对诸多行业挑战，珍贝首先从生产端发力。邱金元谈到起步阶段时说："很多人当时担心我们起步晚，很难做大。我说很简单，我起步晚，但我可以把世界上最好的设备买过来。"羊绒厂开办的同时，三兄弟就花巨资引进了国际一流的生产设备和信息化管理系统。2000年厂区扩建时，珍贝又从英国、德国、意大利等地引进最新的纺织设备，完成了全流水线的设备更新。

珍贝极其重视现代化生产能力的建设，尤其是核心技术的研发。"刚办厂的时候，我就说必须要研发自己的核心技术，不然企业容易缺乏竞争力和进取心。"经过多年的努力，珍贝已经摆脱了代加工模式，其纺织技术已经比曾经的业内优势企业更强：珍贝独家掌握了粗纺39支纱技术，而一般企业只能达到粗纺26支纱；同时珍贝在面料上加大研发力度，不断创新，生产出舒适轻便、贴身暖和且不占空间的双面尼面料。公司注重引进优秀人才，并与院校合作，进行一系列有针对性的技术研发。目前，珍贝每年投入生产设备和技术研发的经费高达数亿元，扎实的生产能力为其品牌的发展奠定了基础。

### 2. 品质高端

珍贝坚持认为"以质论价"才是可持续的市场法则。羊绒行业中，企业为了争夺市场进行价格战，导致其优质产品不得不低价销售，卖得越多亏得越多，得不到利润企业就无法实现可持续发展。而珍贝的羊绒衫往往比普通品牌贵100～300元，却有着高比例的回头客。这正源自珍贝对"品质＝品牌"的坚持。

"刚办厂的时候，有个领导在会议上直接说我们厂技术含量低，品质差，搞得我们很不开心。"老大邱金元笑着回忆道，"但是我们三兄弟也都是有脾气的人。虽然我们起步晚，但是起点要高，做出自己的品牌。"

在原材料上，织里本地是不产羊绒的，因此每年的采绒季节，邱金元都会亲自带队前往牧区采集原材料，收购最好的羊绒。多年来，他一直坚持花大钱，选好料，且从不克扣牧民一分钱，牧民都亲切地称呼他为"邱老大"。依靠多年的亲身坚持，邱金元为珍贝建立了良好的原材料收购渠道，从根本上保证了产品质量。

为了做出精品，珍贝建立了严密的质量管理体系。"一般来说我们有120道工序，每道工序内还有4～12条细则要求。"目前，珍贝已经通过了

ISO 9000 质量管理体系认证，并获得了"产品质量国家免检"称号。"品牌的关键是品质。"邱金元说，"珍贝的目标群体是中高端消费群，我们相信消费者会在品质和广告之间做出正确判断。"

### 3. 创新高端

好的创新源自对消费者需求的洞察，源自对市场趋势的把握。羊绒行业正处于以创新为核心竞争力的时代。相比于其他企业在技术层面的创新，珍贝更注重将创新与消费需求相结合。用邱金元的话说，就是实现产品的功能化、时尚化和人性化。

羊绒产品具有销售时间短、生产时间长的特点，因此有利于珍贝根据消费者需求做精产品。目前，珍贝已经有可机洗羊绒衫、抗静电羊绒衫、抗起球羊绒衫等近十项高科技产品，大大提升了公司的品牌形象和市场占有率。其中获得国家发明专利的粗疏可机洗羊绒衫技术实现了羊绒护理的革命性突破。

珍贝也注重产品细节的改动。服装最容易破损的地方就是领口、袖口等部位，主要是由于线的弹性不足易导致面料松弛变形，珍贝在这些部位上改用弹性更好的线材，以一个小改动解决了行业内的普遍问题。

基于功能化、时尚化和人性化的珍贝产品，充分满足了消费者对舒适、美观、实用的要求，构建起了一条以需求为核心，以技术为驱动的"产品护城河"。

### （四）从纺毛线到"纺金线"

从传统的针织服装企业，转型成制造高端合金线材的浙江东尼电子股份有限公司，这一转身总共花了 17 年。

2017 年夏天，浙江东尼电子股份有限公司在上交所鸣锣上市。沈新芳和沈晓宇这对父子档第一次站在一起"敲锣"，他俩手里紧紧握着红锤，笑盈盈地望着台下。17 年前，父子俩创办的企业还只会织衣服，而如今却成功转型，"纺"起了全球一流的超微细合金线材。

金刚线是用于高端手机显示屏加工生产的合金线材，国外的竞争对手制造这一产品可以细到0.1毫米，而东尼电子竟然做到了0.06毫米，奇迹诞生的背后是东尼电子秉持"智造改变未来"的企业精神。凭借智能制造，企业的产品市场已从手机部件拓展到医疗线、汽车线甚至工业智能机器人线。

### 1. 把工厂建到 "云端" 上

为了支撑工厂高度自动化、智能化的生产要求，这家致力于超微细合金线材及其他金属基复合材料研发生产销售的企业，把工厂建到了"云"上，通过构建网络信息化平台，实现了全厂工作人员同时在线。

"我们打造了基于全产业链可追溯体系的先进生产工艺流。"企业总经理沈晓宇说。借助云端技术，东尼电子实现了从原料到成品的完整追溯，既能精确控制成本，又大幅减少人为因素导致的产品质量波动。

在医疗健康产业的配套制造领域，东尼电子是国内率先开发和应用这种智能制造追溯系统的企业。在与日本和美国的两家国际巨头企业竞争中获胜，成功抢得了中国迈瑞医疗、德国易古（eZono）等国际一线医疗品牌企业的订单。目前，该企业已成为苹果、西门子、泰科和ABB等世界强企的核心供应商。"智能制造与云端技术是推动电子制造业转型升级的关键，这也是东尼电子正努力突破的。"企业董事长沈新芳说。

### 2. 工匠精神 "智造" 传承

东尼电子的前身是羊毛衫厂。2001年，沈新芳和儿子沈晓宇创办了大朝针织羊毛衫厂，在国内服装产业低迷的情况下，大朝针织凭借对制造工艺的严苛追求，仍保持着4%的年产值增长，成为了劲霸、九牧王等知名品牌的定点供应商，产量从原来的几十万件增长到120万件，销售收入也有数千万元。

在沈新芳身上凝聚着一种工匠精神。正是在这一精神的感染下，儿子沈晓宇在一趟韩国之行中萌生了转型做合金线材的"叛逆"计划。事实上，这也是对父亲制造理念的传承。

"2005 年，我去韩国洽谈业务时首次接触到超微细合金线材，行业发展前景等众多因素触动了我，想试一试。"沈晓宇说。当时得知这一线材进口价格高昂，身在国外的他顿时有了要为"中国制造"争口气的想法。为此，企业必须要面对一场跨行业的"智造"转型。

沈新芳后来回忆，当儿子提出不做衣服做"金线"时自己犹豫过，但最终还是决心"转身"。从后来全球服装制造产业的变化形势看，从相对失去成本优势的劳动密集型产业转到自动化的电子制造产业，沈氏父子的这一决定是正确的。

事实上，当年企业做衣服的工匠精神并没有在"智造"线上失色，反而更为极致。"我们通过智能制造实现了以云端数据为核心的人、机器、产品的互联互通。"企业董事会秘书罗斌斌说，在这一技术下，企业对设备状态、生产状态、生产防错甚至物料用量都能精细化监控。

当年，企业做针织衫把次品率降到了国内行业最低。如今，东尼电子通过智能制造也将品质管控做到极致。OEE（设备综合效率）是先进制造领域用来表现实际生产能力相对于理论产能的比率，东尼电子每一个自动化生产线的 OEE 都超过 85％，可见智能制造出色地传承了工匠精神。

### 3. 数分钟与十年功

东尼电子刚起步时，其产品仅是手机、平板电脑等移动终端的核心部件。如今，东尼电子的"金线"被"植入"了更大的设备——汽车。

在企业自动化的生产车间，原料上线后不过几分钟，一批新型合金线材就下线，它们将成为电动汽车的"血管"。东尼电子进入新能源汽车领域后，自主研发材料、改造设备，为汽车线束量身定制了智能追溯制造系统，成为美国泰科汽车等国际新能源汽车的战略合作伙伴。

虽然用智能制造完成一批产品只要几分钟，但实现这一幕却花了东尼电子 10 年的时间，这 10 年间东尼电子一直奔跑在"智造"提升的路上。

转型之初，为了打破国外企业垄断，东尼电子自主研发金刚线的自动化生产线，总经理沈晓宇在上海与研发团队闭门不出数月终于制造出东尼电子的原装设备，每套成本仅为 70 万元，而引进同等水平的日本设备则要

500 万元。

在"智造"提升中，企业一方面精打细算，另一方面却十分"大方"。近年来，企业在智能制造平台搭建上的投入已达 4 800 万元。为了实现云技术与制造无缝对接，企业甚至引进了大批服务器，自建了数据中心，一家制造企业"肚子"里愣是装了一个"互联网公司"。

为了把"智造"做"活"，企业 20 多人的技术团队还细分成硬件服务、软件服务和现场实施服务 3 个小组，分别为网络部署、系统集成和异常状况排除等工作源源不断地提供技术支持。

"在全球化的背景下，重塑'中国制造'竞争力是每一家制造企业的责任。'智造'改变未来，我们要做的就是让生产线更加足智多谋。"沈新芳说。

中国工程院院士贾德评价，俗话说上阵不离父子兵，东尼电子的这对父子档在一根线上不断更新"中国制造"的定义。从劳动密集型产业跳出，转战技术要求更高的电子制造产业，需要勇气更需要智慧。东尼电子抓住了智能制造的金钥匙，打开了全球的市场大门。

时下，互联网思维对制造业模式也产生了颠覆性影响，企业迫切需要以信息化为手段提高自身运行效率，东尼电子做了一次成功示范。

## （五）企业家精神

### 1. "斜杠青年" 杨建平

剃平头，拎一个公文包，脚步和语速比常人快……这是人们眼里的"斜杠青年"杨建平。

"斜杠青年"指的是不局限于专一职业、拥有多重身份的年轻人。通常，个人介绍用"/"表示其跨界实践。

杨建平多重身份不假，但已到"知天命"之年。之所以仍叫他"青年"，是他的精神状态。

"我不过 50 岁嘛，还是吴兴区青年企业家协会常务副会长呢！"这位土生土长、乐观风趣的织里人，经营着一个童装厂、一个面料批发行，同时还兼任东兜村党支部书记、织里童装商会会长。

杨建平真心感谢改革开放。他认为，正是改革开放，让织里这个太湖南岸的小集镇，摇身一变成为闻名遐迩的中国童装名镇。

他回忆，20 世纪 80 年代初，织里镇还没有一条像样的水泥路，第一条马路也是用五孔预制板拼接而成的。1989 年，出身教师家庭、捧上邮电局"铁饭碗"的杨建平借钱创业，成为织里镇第一批童装企业家。

"我是时代的幸运儿！我的青春年少恰逢国家改革开放，鼓励一部分人先富起来的大好时代。"杨建平说。

当时恰逢第十一届亚运会在北京召开，千里之外的织里镇敏锐地嗅到了商机，家家户户踩洋机赶制亚运裙、亚运衫。原先织里人以制作绣花枕头、被套居多，1990 年亚运会成为织里迈入童装时代的转折点，也是杨建平事业的转折点。

"当时由于没有资金，我借了 1 万元。很幸运，第一年我就赚了 2 万多，接下去我的生意一直不错。"

1992 年 8 月，湖州市批准成立织里经济开放区。1995 年，织里镇被国家经济体制改革委员会等 11 个部委批准列为全国小城镇综合改革试点单位，织里掀起第二波创业浪潮，摘掉了"穷帽子"，成为富裕村。

第一个装程控电话交换机，第一个买大哥大，第一个买本田摩托车，第一个买小汽车、购买厂房……杨建平在镇上创下多个"第一"。

员工也一同致富了，开始时员工吃住都在杨建平家里，家就是厂，厂就是家，床位不够时，几个员工挤在一起睡。如今杨建平的员工都住进了有独卫、带淋浴房的空调房，夫妻还有夫妻房，月工资也涨到了 1 万多元。

从 20 世纪 80 年代"一根扁担闯天下"，到如今发展成为全国闻名的童装之都，织里镇经历了前所未有的变化。目前，这个南太湖岸边的小镇有 1.3 万家童装类企业。2019 年，织里童装产量为 14.5 亿件（套），销售额 600 亿元，占据国内市场半壁江山。

"织里的发展和蜕变让我深刻体会到，是大时代成就了织里和我们织里人。"杨建平说。

## 2. 浙商缩影潘阿祥

在浙商博物馆有一本极富传奇色彩的电话本，电话本字迹歪歪扭扭，有数字、图画，还有各种符号，看起来就像是一组组神秘代码：比如烟囱代表分管工业的领导，汽车代表交通局的领导，手枪代表公安局长，一头羊代表姓杨的朋友……

电话本的主人叫潘阿祥，是织里镇浙江振兴阿祥集团有限公司董事长。没读过书、也不识字的潘阿祥自创了这套"象形文字"，用特有的方式和外界联系沟通。

潘阿祥是众多草根浙商最鲜活的时代缩影。靠 20 万元借款，这位太湖边长大的农民用了 20 多年时间，硬是把一家小工厂打造成了一个涉猎铝合金型材、亚麻纺织、装备制造、混凝土等产业的现代化企业集团。2017 年，浙江振兴阿祥集团年销售额超过 30 亿元，纳税达 1.2 亿元。

20 世纪 70～80 年代，为改变家里的贫困现状，潘阿祥与不少织里人一样，"一根扁担两只包，走南闯北到处跑"，四处推销棉布和绣花枕头。几年奔波下来，潘阿祥成了当地小有名气的"万元户"。

1992 年，邓小平南方谈话提出了"发展才是硬道理"，潘阿祥又从电视里看到了国家要大力发展通信业这个新闻，他大胆借款 20 万元，办起了一家通信电缆工厂。

可是，厂房、技术、市场全是一张白纸。"我的脑袋里有市场，人家的脑袋里有文化。两个脑袋加在一起，不就成了？"于是，潘阿祥到北京、上海、杭州，四处聘专家。冲着阿祥的好人缘和求知若渴的真诚，许多技术人员慕名而来。没过几年，浙江振兴阿祥集团成了邮电部生产通信电缆的定点企业，"阿祥"牌电缆在全国打开销路，1997 年产值就突破亿元大关。

虽然自己没读过书，但潘阿祥格外看重文化人，也舍得花钱买设备、聘专家。工程师们只要提起搞设计、进设备、聘人才，潘阿祥全让工程师们说了算。有一次一位工程师想替企业省点钱，搞了个方案，但试验失败了，损失了几十万元。工程师很内疚，潘阿祥反去安慰他："办事哪有件件成功？今后你还要敢想敢做。"

潘阿祥对党的方针、政策和市场信息十分关注。因为不识字，他不会看书、看报，也不会上网，但他捕捉市场信息的方式很独特：听广播、看电视。

这个习惯，潘阿祥20多年来雷打不动。"每天晚上，从中央台、浙江台、湖州台的电视新闻，从时政到经济，我全部要看一遍，特别是中央和省、市开重要会议的时候，更是整晚坐在电视机前不起身。"潘阿祥说。每次电视看完，他还得细细"咀嚼"，悟出个道理来，这些道理就成了日后企业的发展理念——以国家政策鼓励和市场需求为核心，依靠独特营销策略，进行资源和人才的整合。

几年下来，潘阿祥以此为方向，相继创立了一系列产业，将浙江振兴阿祥集团引领上了新的高度。1999年，他了解到政府决心大力治理"白色污染"，倡导绿色环保，恰逢湖州印刷厂改制，急需资金投入绿色环保项目，便迅速投资1 200万元，与湖州印刷厂合资创办天外绿色包装印刷公司，引进先进设备，成为湖州地区国营企业改制最为成功的企业。

2003年，潘阿祥又从电视新闻里了解到欧美国家亚麻纺织品需求量大，而这些国家因亚麻纺织产业劳动力成本太高，纷纷关闭或向国外转移。当年12月，"阿祥亚麻"在织里动工，2005年迁至安吉，达到4万锭的纺纱能力，生产规模排位全国第三。

"这期间，我们进行了6次技改，扩大高支数亚麻纱生产能力，企业利润空间得到提升，市场竞争力得到提高。"潘阿祥说。阿祥亚麻的超常发展，成为行业中的佳话。甚至一次全国性的亚麻峰会上曾提出了"全国亚麻学阿祥"的口号。

在湖州，潘阿祥的故事早已家喻户晓。但最让人啧啧称奇的是，除了他的诸多商战传奇外，他凭借敏锐的嗅觉和捕捉市场信息的天赋，总能"踩对点"，实现与时代节拍的共舞。但无论钱往哪投，潘阿祥始终没有离开过实体经济。

20世纪末，潘阿祥在新闻中看到中央提出发展城市化的号召后，马上意识到铝合金门窗建材市场具有广阔前景，毅然投资5 500万元成立了一家铝业公司，引进西班牙先进的彩色铝合金生产线，开始生产技术先进、需求量又极大的彩色铝合金型材。到了 2002 年，产值突破 2 亿元大关，不到 5 年时间，产值又翻一番。

风云激荡的岁月里，潘阿祥"踩对点"的事一件接一件。2008 年下半年，国际金融危机来袭，不少当地企业岌岌可危，潘阿祥从新闻里了解到，装备制造业是国家"十一五"和"十二五"规划中的重点支柱产业，便出手 7.5 亿元投资"阿祥重工"。重型装备是技术和资金密集型行业，一开始，就连家人都不赞成，潘阿祥也说不出什么大道理，他的坚持就是三句话：用人少、不污染、环保节能。

项目开工后，阿祥亲自带领员工日夜奋战在施工现场。第一个厂房只用了 6 个月就建成了。之后，潘阿祥又引进了先进的数控设备，赢得了众多央企认可，齐二机床集团、上海电气临港重型装备有限公司先后与"阿祥重工"建立了技术和生产基地的合作关系，提前 2 年实现了从产品加工向整机制造的转型目标。

进军制造业这片蓝海不久，2012 年，潘阿祥又出资 1 亿多元，收购了在电机业内赫赫有名的佳雪集团，实现了技术上的重大突破，资本与技术的"联姻"为企业的转型升级和腾飞奠定了更扎实的基础。

"企业家需要用更多的新鲜知识来充实自己，才能保持与时俱进。"潘阿祥说。今后几年，阿祥集团还将持续投入资金用于推进"智能制造"和信息化建设，以信息化与工业化深度融合为基础实现迭代升级，让企业在推动高质量发展中发挥引领作用。

### 3. "创二代" 邱小永

在织里，有一个特殊的群体，他们的父辈在改革开放的浪潮中脱颖而出，成为了事业有成的民营企业家，但他们不愿意躺在父辈的劳动成果上度日，而是独立打拼出属于自己的事业。相对于"富二代"的标签，他们更愿意被称为"创二代"，邱小永就是这个群体中的典型代表之一。

在湖州，珍贝算得上一个家喻户晓的品牌。珍贝遍布全国 30 多个省、自治区和直辖市，200 多个地级市，拥有 600 多家店铺，年销售额超 5 个亿，是全中国羊绒品牌的领军企业。邱小永为人随和，发福的身材、憨厚的笑容，喜欢穿一双普通的布鞋，他就是珍贝的接班人，同时也是贝盛光伏的创建者。他从小受父辈经商过程中为人之道的良好影响，经历过创业之苦，也感受过守业之艰，有着"创二代"老大哥的沉稳风范。

2008年，邱小永到浙江大学总裁研修班同学的太阳能光伏电池组件厂实地考察，认为这是不错的商机。2009年初，通过二十几次的扬州之行，邱小永和晶澳接触，并最终落实技术团队。2009年6月贝盛光伏正式成立。2010年8月50兆瓦量产突破，可以生产125单晶，156单多晶。同年，收购组件公司创盛新能源。短短几个月的时间，贝盛光伏的产值就已经达到1.5个亿，超越他父亲邱金元经营20几年的羊绒产业。

很快邱小永在2011年初又上马二期工程，投资4个亿，增加引进5条新的生产线。2010年由于德国市场带动以及国家政策的号召，导致产能与需求不匹配，加上又遇到欧债危机，2011年从一季度到三季度，电磁片价格跌幅将近70%，光伏产业陷入低迷期，邱小永遇到事业最艰难的时候。

如此局面，邱小永不是没有想过放弃，但是这好几亿的投资怎么办？团队怎么办？邱小永开始体会到一种责任。"创业初期，我把创业团队人才齐聚到湖州，这是一种责任，创业阶段中遇到一些困难、低谷的时候，我不能放弃，因为对团队有承诺，一旦放弃，就是对团队的放弃。企业最终是属于社会的，我叫它社会责任，这是创业中最大的一个收获。"

面对危机，既然不能退就只能前进，邱小永开始积极应对，在行情不好的时候对企业管理和市场进行创新。在连年亏损的情况下，贝盛光伏逆势而行扩大海外市场布局，设立德国、日本、澳大利亚3个分公司，并在2013年欧洲双反案中最终成为应诉企业，顺利拿到配额。2013年，贝盛海外出口额由2012年的500万～600万美金增加到2 000万～3 000万美金。同年开始，光伏行业整体转好，政府支持力度加大，贝盛扭转亏损局面，逐步开始产生利润。2014年邱小永投入新能源开发产业，运用自己的光伏产品和技术开发应用市场。

2016年8月浙江贝盛控股有限公司成立，下设浙江贝盛光伏股份有限公司（电池片）、浙江创盛光能源有限公司（组件）、浙江贝盛新能源开发有限公司（电站）等9家分公司及鹿特丹等2家全球物流中心，公司总资产达到11.12亿元。

短短几年来，从赚得最多到跌得最快，让邱小永最真实地感受到创业的不易，也让他学会了残酷竞争下的生存之道。他一直坚信：一分耕耘，一分收获。他总是这样告诫员工：工作中无小事，只有你努力去做好每一件小事，那么所获得的回报往往是惊人的。

## 六、迈向高质量发展

在推动产业发展上，织里镇以调动内部活力为重心，以提供必要服务为方式，以围绕产业链引入资源为新方向，努力探索有特色的"织里样本"。

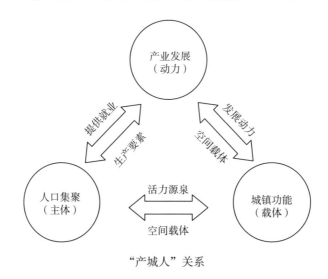

"产城人"关系

### （一）调动内生活力，盘活本地资源

招商是实现产业快速发展的有效手段，与以外资带动出口加工的外向型经济不同，织里选择的是一条内生型的经济发展道路，其特点在于充分

调动内生活力，依靠挖掘、激活、优化区域内的发展要素，盘活本地资源，激发积极性。构成这一模式的两大核心是人本经济与创新精神。

### 1. 人本经济

人本经济强调人是经济发展的动力，而经济发展的目的又是为了满足人的需要。作为调动内生活力的核心主体，织里镇始终坚持人本经济的思想，把人民的发展需要作为激发积极性的着力点。1992 年 8 月，湖州市政府批准成立织里经济开放区。在这一巨大的改革红利面前，当地并没有选择盲目引资。时任织里镇党委书记的吴子性在调研后，发现织里"并不是没有人才，选择创业的人很多。"这说明彼时当地人民的核心诉求是"富起来"。看清形势的织里镇从实际出发，用足政策优势，号召走南闯北的织里人还乡创业，发展实体经济，在本土产业的优势基础上，形成新的市场关系和社会资源组合，充分盘活了本地资源和创业积极性，织里产业自此迈上了高速发展的快车道。

这一选择的优势在于当地居民能从经济增长中切实获益。仍以外向型经济为例，其 GDP（地区生产总值）高速增长是不争的事实，但人均收入却严重滞后于人均 GDP 的增长。而选择内生型发展的织里，立足本地民情，坚持人本经济，在当地形成了强烈的创业致富文化氛围，内生优势因而不断集聚，为经济发展提供强大动力。

随着物质生活和精神生活的丰富，"好起来"成为织里人民新的发展需求。人们开始追求更宜居、更适合个人发展的生活环境。近年来，织里镇坚持以创新战略驱动产业转型升级，满足人民"好起来"的发展需求。一方面，产业升级促使自然资源和社会资源的使用更加合理，城市生活质量有所提升。另一方面，主体产业有所扩大，高新产业不断集聚，为人们提供了更多更好的发展机会，进一步建立起了一个可持续的融合发展模式。

### 2. 创新精神

改革开放以来，织里镇党委、政府与民间企业家均表现出了勇于创新的精神。二者相互激荡，为调动内部活力提供了必要条件。

政府方面，敢作敢为一直是织里镇党委、政府的鲜明特点。改革开放之初，织里镇党委、政府就敢于冲破思想禁区，坚持发展全方位、多层次经济体系，从制度上进一步探索了市场与政府作用的有效机制，坚持解放思想，深化改革，打通了经济发展深度融合的通道。吴子性表示："思想不解放，就放不开手脚。"

蛰伏在城市深处的创业血脉，也激发了民间自发、自主的创业活动。以羊绒产业和铝合金产业为例，这两大产业能在织里实现"从无到有"的发展，与当地企业家的积极进取是分不开的。秉持着敢为人先、先行先试、勇立潮头的精神，织里的企业家们在政府支持下，探索出了一条自发自主的创业道路。

## （二）政府提供必要服务与有效指引

外向型经济的一大特征在于政府主导性较强，通过制订非常明确的发展规划来引导产业发展，人工培植明显。而织里镇在充分调动内生活力的情况下，以营造良好的市场环境为目标，为企业提供必要服务和有效指引。

### 1. 必要服务

织里产业的发展离不开以服务为本的政府。吴子性提到服务理念时，很好地总结了织里镇党委、政府的特点：政府要做三件事，撑腰、跑腿、搞服务。撑腰指的是企业在发展中碰到难以解决的问题，政府给企业撑腰，支持企业健康发展下去；跑腿指的是为企业解决问题一定要快，不能拖泥带水，要白天黑夜的跑；搞服务指的是为企业提供良好的发展环境。现任织里镇党委书记宁云则表示："我们织里干部队伍一直有个传统，就是看哪一届、谁对织里发展的贡献大"。40年来，织里镇党委、政府千方百计为企业发展创造条件，依据产业发展需求提供必要服务，赋予产业充分的活力。

改革开放初期，织里镇党委、政府把握建设经济开放区的政策窗口，争取到了一定的土地管理权，5亩以下的企业用地可以直接批准使用。这一生产要素红利，为尚在发展初期的民营企业提供了急需的用地空间，珍贝和浙江振兴阿祥集团为代表的本土民营企业迎来了发展空间。

产业爆发阶段，童装在织里得以飞速发展。为了给企业带来更多的信息与合作机会以及降低成本，织里镇为产业链的各个环节提供硬件支撑，使得与童装产业相关的印花、绣花、砂洗、面辅料企业得到成长，劳动力市场、联托运市场等也相继升级，为产业生态的形成提供了基础条件。

转型升级阶段，织里镇继续为企业在资金和用地上提供政策支持，想尽办法促进新兴产业由点到线，形成集群发展。东尼电子董事长沈新芳表示"只要企业转移升级做得好，政府的政策重心都会往企业靠。这对东尼电子的发展起了很大的帮助。"

提供必要服务的背后，是织里镇一贯坚持的"让利于民"思想。一方面，只要是能让当地民众受惠的产业，就要重点发展。以童装产业为例，虽然童装产业利税贡献少，管理难度大，但织里镇始终没有因此而减少扶持力度，反而是将童装作为支柱产业来发展。另一方面，与当地企业建立和保持了"既亲又清"的政商关系，始终与民众保持融为一体，既为企业提供服务，又不与民争利，充分强化企业的市场主体地位，以培育一批富有创新精神、竞争力强的龙头企业。

### 2. 有效指引

在充分发挥市场作用的同时，织里镇也在寻找市场力量和政府行为的最佳结合点，依靠制定产业政策来有效引导产业的科学发展，解决基础薄弱、共性技术缺失等靠市场机制和企业解决不了的问题。

以童装为例，由于门槛低，"低小散"产能多，织里镇始终保持引导力度，指引童装做大做强。目前，织里出台了一系列童装产业培育政策，既有小升规、规改股等组合拳，又建设童装产业示范园区、童装名品城、小微产业园等设施，让土地、资金等要素向童装企业集聚。织里镇党委书记宁云表示："织里的目标就是让一百家龙头型、引领型、示范型童装企业脱颖而出。"

### (三) 围绕产业链引入资源

依靠内生型道路成长起来的织里，很早就意识到仅依靠单纯的内生增长，难以为产业升级带来新动能，势必需要引入外部资源。立足本地特点和优势，织里镇选择围绕产业链导入外部资源，即以满足产业链需要为出发点，寻找产业链的不足环节，有目的、有针对性地引入资源。

以童装产业为例，织里在生产端有着显著的集群优势，但在销售端略显薄弱。织里选择与阿里巴巴合作，成为首个"触电"的童装产业带。合作仅 1 年，织里童装的销售额就从 7 500 万元上升到 3 亿元。

由于织里当地的产业链已具雏形，围绕产业链进行资源引入，能将同一产业链上的项目引导在一起，形成一定规模的产业集群，从而减少企业之间的经营成本，并通过上下游关系或协作关系，使企业相互促进，提升效益。产业链越完善，必然会吸引越多的有协作关系的企业前来投资配套与服务，由此形成产业集群，促进经济更快、更好地发展。

2019 年，织里镇引进亿元以上签约项目 25 个，总投资超 260 亿元。引进湖州市定"大好高"项目 15 个，吴兴区"大好高"项目 16 个，5 个项目成功列入浙江省重大产业项目。海澜之家集团童装总部百亿级项目成功落户，织东万亩千亿大平台基本成形。

# 社会治理先行地

织就梦想
幸福这里

## 一、党的十八大以来社会治理的新进展

党的十八大以来，中国社会治理取得重大新进展，主要体现在：习近平同志提出社会治理新思想，大力推进社会治理新实践，多方面开拓社会治理新境界。

### （一）5 年来社会治理的新思想

党的十八大以来这 5 年，面对国内外政治、经济、社会发展的新形势、新任务、新要求，习近平同志以马克思主义的巨大理论勇气和政治远见卓识，提出了一系列相互联系、相互贯通的治国理政新理念新思想新战略，形成了系统完整、逻辑严密的科学理论体系，这是中国特色社会主义理论体系宝库中的新成果，是马克思主义中国化的新发展。其中，习近平同志提出的一系列加强和创新社会治理的新思想、新观点、新论断，是近 5 年来中国社会治理领域最为重要的创新性进展与创新性成果。我们初步学习和研究认为，习近平同志社会治理思想十分丰富，突出体现在以下 10 个方面。

#### 1. 人民中心论

坚持以人民为中心，是习近平同志社会治理思想的根本政治立场。社会治理，说到底就是对人的服务和治理。社会治理要以人为本，把人民放在心中最高位置，坚持全心全意为人民服务。要随时随刻倾听人民呼声、回应人民期待。习近平同志的"人民中心论"，其核心是一切为了人民、一

切依靠人民、为了人民的一切、一切接受人民检验。这样的"人民观",是对马克思主义和毛泽东思想中关于"人民是历史的主人"这一重大科学论断的继承和发展。

**2. 民生为本论**

以民生为本,是习近平同志社会治理思想的本质体现。民生是人民幸福之基、社会和谐之本。民生连着民心,民心关系国运。要积极推动解决人民群众的基本民生问题,不断打牢和巩固社会和谐稳定的物质基础,从源头上预防和减少社会矛盾的产生。习近平同志强调:"良好生态环境是最公平的公共产品,是最普惠的民生福祉。"习近平同志指出:"要处理好维稳和维权的关系,要把群众合理合法的利益诉求解决好,完善对维护群众切身利益具有重大作用的制度,强化法律在化解矛盾中的权威地位,使群众由衷感到权益受到了公平对待、利益得到了有效维护。"这是充满唯物辩证法的重大思想观点。

**3. 公平正义论**

促进公平正义,是习近平同志社会治理思想的核心要义。

(1)强调健全社会公平保障制度。要实现规则公平,规则面前一视同仁;实现机会公平,机会面前人人相同;实现权利公平,公民基本权利一律平等。

(2)强调走共同富裕道路。既要把"蛋糕"做大,也要把"蛋糕"分好。要避免两极分化,绝不能出现"富者累巨万,而贫者食糟糠"的现象。要更加注重对特定人群特殊困难的精准帮扶,让所有人民群众都过上好日子。

(3)强调建立共建共享社会。共享社会是全体人民共享发展成果、全面共享发展成果、共建共享发展成果。

(4)强调问题导向。习近平同志指出:"要把促进社会公平正义、增进人民福祉作为一面镜子,审视我们各方面体制机制和政策规定,哪里有不符合促进社会公平正义的问题,哪里就需要改革。"真正让全体人民群众感受到实实在在的社会公平正义。

### 4. 法德共治论

法治和德治并举，是习近平同志社会治理思想的重要支柱。他强调："必须坚持依法治国和以德治国相结合，使法治和德治在国家治理中相互补充、相互促进、相得益彰。"坚持一手抓法治、一手抓德治。法治是治国理政的基本方式，要发挥法治对社会治理的保障、服务和促进作用。习近平同志指出："培育和弘扬核心价值观，有效整合社会意识，是社会系统得以正常运转、社会秩序得以有效维护的重要途径。"人类社会发展的历史表明，对一个民族、一个国家来说，最深厚、最持久的力量是全社会一致认同的核心价值观。

### 5. 体制创新论

创新体制机制，是习近平同志社会治理思想的显著标志。他深刻指出："加强和创新社会治理，关键在体制创新。"

（1）创新社会治理体制。要建立健全党委领导、政府主导、社会协同、公众参与、法治保障的社会治理体制，确保社会既充满活力又和谐有序。

（2）创新社会治理方式。习近平同志指出："社会治理是一门科学。""随着互联网特别是移动互联网发展，社会治理模式正在从单向管理转向双向互动，从线下转向线上线下融合，从单纯的政府监管向更加注重社会协同治理转变。我们要深刻认识互联网在国家管理和社会治理中的作用。"

（3）创新社会治理机制。要建立健全党委领导和政府主导的维护群众权益机制、社会利益协调机制、预防和化解社会矛盾机制、社会风险评估机制、突发事件监测预警机制，保证社会治理的常态化、长效化、社会化、智能化。

### 6. 不忘本来论

传承发展中华传统美德和优秀文化，是习近平同志社会治理思想的鲜明特色。他深刻指出："不忘本来才能开辟未来，善于继承才能更好创新。"中华文化是我们民族的根基和魂魄，我们必须从延续民族文化血脉中开拓前进。习近平同志特别注重家庭建设，他指出，"不论时代发生多大变化，不论生活格局发生多大变化，我们都要重视家庭建设，注重家庭、注重家教、注重家风""使千千万万个家庭成为国家发展、民族进步、社会和谐的重要基点"。在新的历史条件下，对中华传统文化进行创造性转化和创新性发展，将为推进社会治理现代化提供最为深厚雄浑的力量。

### 7. 群众工作论

加强和改进群众工作，是习近平同志社会治理思想的基本要义。社会管理，说到底是做群众的工作。他强调："一切社会管理部门都是为群众服务的部门，一切社会管理工作都是为群众谋利益的工作，一切社会管理过程都是做群众工作的过程。从这个意义上说，群众工作是社会管理的基础性、经常性、根本性工作。"思想政治工作是群众工作的重要形式，也是创新社会治理的重要方式。习近平同志关于社会治理中加强群众工作的重要论述，在新的历史条件下创新发展了党的群众路线的基本思想。

### 8. 基层重心论

注重基层建设，是习近平同志社会治理思想的突出风格。他强调："基础不牢，地动山摇。""社会治理的重心必须落到城乡社区，社区服务和管理能力强了，社会治理的基础就实了。"对基层社会治理的高度重视，表明习近平同志具有强烈的问题意识、丰富的实践经验和深厚的为民情怀。

### 9. 总体安全论

树立总体安全观，是习近平同志社会治理思想的重大创新。他深刻指出："当前我国国家安全内涵和外延比历史上任何时候都要丰富，时空领域比历史上任何时候都要宽广，内外因素比历史上任何时候都要复杂，必须坚持总体国家安全观，以人民安全为宗旨，以政治安全为根本，以经济安全为基础，以军事、文化、社会安全为保障，以促进国际安全为依托，走出一条中国特色国家安全道路。"既要重视"国土安全"，又要重视"国民安全"。既要重视"国家发展"，又要重视"国家安全"。既重视自身安全，又重视共同安全，打造人类命运共同体，推动各方朝着互利互惠、共同安全的目标相向而行。

**10. 党的领导论**

全面加强党的领导，是习近平同志社会治理思想的灵魂。一是社会治理要充分发挥党总揽全局、协调各方的领导核心作用。牢牢把握党对社会治理的领导权。二是以党风政风好转带动社会风气的好转。坚持党要管党、从严治党、从严治吏，大力开展党风廉政建设，净化党风政风，带动和促进社会风气向上健康发展。三是提高党领导社会治理的能力。推进社会治理现代化，关键在于提升党的执政水平。这就需要以党的执政能力建设和先进性建设推动社会领域改革发展。

通过以上梳理和阐述可以看出，习近平同志社会治理思想是一个层次分明、有机统一的系统理论，具有丰富的内涵和严谨的逻辑。习近平同志社会治理思想，不仅是对我们党过去成功经验的坚持和继承，而且是对当今社会实践的凝练和升华，也是对未来发展的引领和创新。习近平同志社会治理思想是推动社会领域改革发展、推进社会治理现代化的强大思想武器和行动指南。

**（二）5 年来社会治理的新实践**

党的十八大 5 年以来，在中国特色社会主义理论体系特别是党中央治国理政新理念新思想新战略指引下，我国社会治理实践创新取得重大进展。从宏观社会治理到微观社会治理，从各领域系统治理到城乡社区治理，都大力度全方位地深入推进，取得了新突破、新进展、新成效。这里仅举其荦荦大端，作个简要阐述。

### 1. 筑牢改善和保障民生工程

（1）实施脱贫攻坚战。党中央把贫困人口脱贫作为全面建成小康社会的底线任务和标志性指标，在全国范围全面打响了脱贫攻坚战。脱贫攻坚力度之大、规模之广、影响之深，前所未有。2015 年 11 月，党中央召开扶贫开发工作会议，发布《中共中央国务院关于打赢脱贫攻坚战的决定》，对脱贫攻坚作出全面部署。国务院印发"十三五"脱贫攻坚计划，细化落实中央决策部署。中办、国办出台 11 个配套文件。中央和国家机关有关部门出台 118 个政策文件或实施方案。实施"六个精准"和"五个一批"计划。通过建立一套行之有效的脱贫攻坚责任体系、政策体系、投入体系等，中央各项决策部署得到落实。2013—2016 年，农村贫困人口每年都减少超过 1 000 万人，5 564 万人摆脱贫困，贫困地区面貌明显改善。

（2）促进就业创业。在经济发展进入新常态、增长速度放缓的情况下，通过实施扶持就业政策，广泛推行"大众创业，万众创新"，持续推进"放管服"改革，有力地激发了社会创造力，就业创业人员稳定增加，近 4 年来每年新增就业超过 1 300 万人，为改善民生和维护社会稳定发挥了重要作用。

（3）完善社会保障制度。近 5 年，我国社会保障制度在实现广覆盖、保基本、可持续的框架基础上，进一步打破城乡分割、单位双轨的坚冰，更多地体现了公平公正的原则。一是建立了全国统一的城乡居民基本养老保险制度。合并新型农村社会养老保险和城镇居民社会养老保险。二是实施养老金并轨改革。实行了 20 多年的养老金双轨制正式废除，机关事业单位与企业都实行社会统筹与个人账户相结合的基本养老保险制度，养老金待遇与缴费而非职级挂钩。三是统筹推进社会救助。特别是慈善法的颁布与实施，是我国整个社会保障体系建设中具有里程碑意义的重大事件，将开启中国现代慈善事业的新时代。

（4）改善住房保障。采取一系列政策措施，引导房地产业持续健康发展，控制房价过快上涨。构建了包括公共租赁住房、棚户区改造、农村危旧房改造、住房公积金等在内的住房保障体系。

**2. 推进社会治理基础性制度改革创新**

教育、医疗卫生、人口、户籍管理等制度是社会治理的重要基础性制度，国家采取了一系列重大决策部署和制度安排。

（1）在教育领域，大力促进教育公平制度建设。健全家庭经济困难学生资助体系，构建利用信息化手段扩大优质资源覆盖面的有效机制，逐步缩小区域、城乡、校际差距。健全政府补贴、政府购买服务、助学贷款、基金奖励、捐资激励等制度。推进考试招生制度改革。

（2）在医疗卫生领域，突出建立现代医疗卫生制度。一是基本医疗保障制度覆盖全民。目前，我国基本医保覆盖95％以上人口，编织起全球最大的基本医疗保障网，世界卫生组织称赞"中国的医改成就举世瞩目"。二是完善大病保险和医疗救助制度。全面开展重特大疾病医疗救助，基本医保、大病保险、医疗救助、疾病应急救助、商业健康保险和慈善救助有效衔接。三是深化医药卫生体制改革。实行医疗、医保、医药联动，推进医药分开，实行分级治疗。破除公立医院以药养医机制，全面推进公立医院改革，优化医疗卫生机构布局。四是全面推进"健康中国"建设。加快转变健康领域发展方式，全方位、全周期维护和保障人民健康。

（3）在人口发展方面，完善计划生育制度和应对人口老龄化。实施人口发展战略，促进人口均衡发展。全面实施一对夫妇可生育两个孩子的政策。"二孩"政策的颁布，是对我国1983年以来所实行的计划生育"一孩"政策的重大调整，关系到中华民族子孙后代的繁衍和持续性发展。同时，积极开展应对人口老龄化行动，构建以生育政策、就业制度、养老服务、社保体系、健康保障、人才培养、环境支持、社会参与等为支撑的人口老龄化应对体系，积极研究制定渐进式延迟退休年龄政策。人口政策的创新，是近5年社会治理实践创新的重大标志。

（4）在户籍管理方面，建立全国城乡统一的户口登记制度。取消了农业户口与非农业户口性质区分，统一登记为居民户口，稳步推进城镇基本公共服务常住人口实现市民化。"居住证"取代"暂住证"，并据此享受所在城市各类基本公共服务和各项便利。户籍制度改革是我国社会治理基础性制度的重大创新。

### 3. 构建国家安全体制

这是近5年加强和创新社会治理极具标志性的重大举措。为了落实总体国家安全观，党中央决定建立集中统一、高效权威的国家安全体制，采取了一系列重大举措。一是设立国家安全委员会。二是制定《国家安全战略纲要》和《关于加强国家安全工作的意见》。强调要做好各领域国家安全工作。三是修订并通过新的国家安全法。国家安全委员会的成立、《国家安全战略纲要》和国家安全法的制定，对维护国家安全和社会安全已经起到并将继续起到十分重要的作用。

### 4. 健全公共安全体系

国泰才能民安。党的十八大以来，"平安建设"被提到了一个新的历史高度。围绕深入推进平安建设，健全公共安全体系，推出食品药品安全、安全生产、防灾减灾、社会治安防控和网络安全等方面的体制机制改革举措。成立了统一权威的食品安全监管机构，建立了严格的覆盖全过程的监管制度，出台了一系列食品药品安全、质量安全的政策措施。持续深化安全生产管理体制改革，建立隐患排查治理体系和安全预防控制体系，努力遏制重大安全生产事故。健全防灾减灾救灾体制。应急管理体系不断健全，应对危机与风险的能力明显提高。加强社会治安综合治理，创新立体化社会治安防控体系。完善网络和信息化管理领导体制，制定和实施网络安全战略，加强网络市场监管。平安中国建设取得重要新进展。

### 5. 加快社会诚信制度建设

推进诚信制度建设，既是建设和谐社会的重要任务，也是推进社会治理现代化的必然要求。党的十八大以来，党和国家对社会诚信建设作出了一系列重要部署。国务院颁发《社会信用体系建设规划纲要（2014—2020年）》《关于推进诚信建设制度化的意见》，强调着力推进诚信制度建设。2017年4月，中共中央、国务院印发的《中长期青年发展规划（2016—

2025 年)》中，将推进青年信用体系建设、倡导和培育青年诚信品格纳入青年发展事业总体布局。注重加强社会信息基础设施、基础制度、基础能力建设，加快推动统一社会信用代码制度，建立以公民身份号码为唯一代码、统一共享的国家人口基础信息库，健全相关方面的配套制度。建立公民统一社会信用代码制度、法人和其他组织统一社会信用代码制度。

### 6. 加强城乡社区治理

城乡社区是社会治理的基本单元，也是社会治理体系中的基础部分。近 5 年来，党和政府更加重视城乡社区在社会治理中的重要作用，注重完善城乡社区治理体系。各地普遍推行民主化、网络化、网格化、精细化管理，创新城乡居民全面服务管理新模式。畅通民主渠道，开展基层协商，推进城乡社区协商制度化、规范化和程序化。坚持因地制宜，突出特色，推动各地立足自身资源、条件、人文特色等实际，完善社区治理模式。完善市民公约、乡规民约等行为准则。许多城乡重视传播优秀传统文化，大力开展乡风、村风、家风建设，通过加强古村落保护，编写族谱、家训等，传承向上向善的正能量。中央有关部门制定和实施一系列历史文化名城名镇名村和传统村落保护措施，有力地推动了中华优秀传统美德与文化的保护和创新发展，也促进了平安社会、和谐社会建设。

### 7. 促进社会组织健康发展

社会组织是社会治理不可或缺的重要力量，是公众和社会力量参与社会治理的重要载体，也是我国社会治理中的短板和难点。中央有关部门制定和实施一系列清理、规范和支持社会组织发展的办法，推动行业协会商会与行政机关真正脱钩，致力于建立新型行业协会商会管理体制和运行机制，促进和引导行业协会商会自主运行、有序竞争、优化发展。2016 年底，作为第一批脱钩试点的 132 家全国性行业协会商会实现与行政机关脱钩，完成脱钩试点的改革目标。第二批试点正在有序推进，并形成了一个完整的政策体系框架。近些年来，从中央到地方各级政府都积极探索实行购买服务机制，重视发挥社会组织在引导社会成员参与风险评估、矛盾调解、社区矫正、青少年教育管理等方面的作用，取得了积极效果。

### 8. 创新社会治理方式

按照推进社会治理现代化的要求，积极探索社会治理方式创新，是近5年中国社会治理新实践的重要特征。

（1）以信息化建设为基础，不断提升社会治理的网络化与智能化。印发《国家信息化发展战略纲要》，规范和指导未来10年国家信息化发展。制定《"十三五"国家信息化规划》，明确统筹实施网络强国战略、大数据战略、"互联网＋"行动，整合集中资源力量，为推进国家与社会治理体系和治理能力现代化提供数字动力引擎。北京、上海和深圳等特大城市积极探索符合超大城市特点和规律的社会治理新路子，强化网络化、智能化管理，提高城市管理标准，大力推行基层治理信息化，打造"智慧社区"，不断提高城市社会治理精细化、智能化、现代化管理水平。

（2）以推进全面依法治国为契机，不断推进社会治理的法治化与制度化。党的十八大以来，我国开辟了全面依法治国、建设法治社会的新局面。中国特色社会主义法律体系日益完备，高效的法治实施体系、严密的法治监督体系、有力的法治保障体系建设取得显著成效，对全面依法治国、依法治理社会发挥了重大推动作用。行政执法体制改革深入推进，公正文明执法水平明显提升。新一轮司法体制改革主体框架基本确立。司法责任制改革全面推开，以审判为中心的刑事诉讼制度改革深入推进，省以下地方法院、检察院人财物统一管理逐步推行。制定实施干预司法记录、通报和责任追究制度，设立知识产权法院、最高人民法院巡回法庭、跨行政区划法院检察院，实行立案登记制，废止劳教制度，一批重大冤假错案得到坚决纠正，司法职权配置不断优化，执法司法规范化建设进一步加强。

### 9. 加大环境保护与治理力度

治理环境污染，提高环境质量，事关人民生命安全和社会安定，是加强创新社会治理的重大任务。党中央、国务院更加重视环境保护与治理，着力推进解决影响人民群众身心健康和社会稳定的环境问题，大力度地改革生态环境保护管理体制、改革环境治理基础制度，强化环境保护法治，开展环保督察巡视，推进污染物综合防治和环境治理，推行改水改厕、垃圾处理，建立严格监管所有污染物排放的环境保护组织制度体系。以打好大气、水、土壤污染防治三大战役为抓手，逐步构建与改善环境质量的工作体系。全面启动控制污染物排放等方面的强力监管和严格问责制。创新环保督察体制，决定建立环保督察机制。组建中央环境保护督察组，开展环境保护督察工作。中央环保督察不仅提升了地方党委、政府的环保责任，而且推动解决了一大批环境问题，推动地方建立环保长效机制。各地普遍清理"散、乱、污企业"，许多地方还开展了创新公共空间治理行动，城乡人居环境明显改善，社会秩序和社会风气为之改观。

**10. 全面加强党对社会治理的领导**

党风决定政风、社风、民风。治国必先治党，治党必须从严，这是中国社会治理体系和治理能力现代化的重要制度与组织保障。实践表明，从严治党、惩治腐败是最大的社会治理，是理顺民心、实现党长期执政、确保社会长治久安的根本之举。党的十八大以来的5年，从严治党的重大举措环环相扣，"老虎""苍蝇"一起打，惩治了一大批腐败分子，对端正党风发挥了重大作用，伸张了正气，刹住了歪风，赢得了党心民心，极大地带动了政风、社风、民风好转，也推动了社会治理创新发展。针对群团组织存在的突出问题大刀阔斧地改革，使群团组织更有效发挥党和政府联系人民群众的桥梁和纽带作用。还大力加强基层服务型党组织建设，使党的建设覆盖到各类企事业单位、各种社会组织、各个城乡基层，强化党组织的领导核心作用。这些措施，对全面加强党对社会治理的领导起到了重要作用。

（三）5年来社会治理的新境界

党的十八大以来这5年，我国社会治理思想创新与实践创新发展，不仅有效助力如期实现全面建成小康社会的奋斗目标，而且开拓了中国特色社会主义社会治理的新境界。

**1. 开拓了科学社会主义社会治理思想的新境界**

以习近平同志为核心的党中央加强与创新社会治理的思想与实践，坚持以马克思列宁主义、毛泽东思想和中国特色社会主义理论为指导，深入观察和分析当今中国社会发展和社会变革中的新情况、新问题，在新的历史条件下把坚持、继承同发展、创新辩证地统一起来，继承和发展马克思主义和中国共产党历代领导集体的治国理政思想，使科学社会主义社会治理思想进入了新境界，达到了新高度。例如，以人民为中心的社会治理思想，不仅回答了社会治理为了谁、依靠谁的问题，还回答了社会治理的评判标准和行动准绳问题，提出了检验社会治理成效，最终都要看人民群众是否真正得到了实惠，人民群众生活是否真正得到了改善，人民群众合法权益是否得到了切实保障。这一系列创新性的社会治理思想和实践，大大丰富和发展了科学社会主义社会治理理论。

**2. 开拓了传统社会管理向现代社会治理转变的新境界**

"社会管理"转变为"社会治理"，由"管理"到"治理"虽然只有一字之差，但思想更深刻、内涵更丰富。"社会治理"更加突出了党委领导和政府主导下的多元社会主体共同参与、良性互动，有利于构建共建共治共享的社会治理新格局；更加突出以人为本和以人民为中心的社会治理创新思想，强化人民群众在社会治理中的主体地位、权益保障制度和首创精神；更加突出民主政治和法治思维、法治方式，社会治理要着眼于扩大人民民主，建设法治社会，提高社会治理民主化、法治化水平；更加突出系统治理、源头治理、综合治理，运用经济、法治、教育、行政等多种手段完善社会治理方式方法，标本兼治。这些标志着由传统的社会管理向适应时代发展要求的现代社会治理转变。

**3. 开拓了中华优秀传统文化与现代社会文明相融合的新境界**

我国有独特的历史、独特的文化、独特的国情，这就决定了社会治理创新发展的独特道路。习近平同志坚持立足中国国情，从中华文明中汲取智慧，博采古今中外一切优秀文明成果，坚守但不僵化、借鉴但不照搬，善于古为今用，洋为中用。这几年社会治理思想创新与实践创新，是在总结中国悠久的社会治理传统和历代中国共产党人治国理政经验教训，以及借鉴吸收人类社会现代文明优秀成果的基础上形成的，将中国传统社会治理模式进行创造性转化和创新性发展，将世界现代文明先进理念、有益做法进行分析鉴别和选择性吸收。更加重视发挥优秀传统道德文化的教化功能，发挥当代中国特色社会治理的最佳效果；更加重视家庭在社会治理中的基础地位。这些对优秀传统文化的高度重视，是对社会治理的文化价值维度的重大发展，进一步凸显了中华优秀传统文化对中国特色社会治理的精神支撑与凝心聚力的作用。

### 4. 开拓了以构建人类命运共同体为导向的国际社会治理关系的新境界

近5年来的中国社会治理思想与社会实践创新，具有全球视野性、国际前瞻性、人类关怀性。习近平同志面对国际局势的深刻变化和世界各国同舟共济的客观要求，提出构建人类命运共同体思想，坚持对话协商、共建共享、合作共赢、交流互鉴、绿色低碳，以建设一个持久和平、普遍安全、共同繁荣、开放包容、清洁美丽的世界为目标，符合各国求和平、谋发展、促合作、要进步的真诚愿望和共同追求，坚定不移维护世界和平、促进共同发展，推动构建以合作共赢为核心的新型国际关系。构建人类命运共同体的思想，是对我国社会建设和社会治理的国际国内环境与时代特征进行科学分析与实践探索的伟大成果，为促进人类社会共同发展打开了新的视角和新的思路。

（作者为国务院研究室原主任、北京师范大学中国社会管理研究院院长魏礼群，载于《光明日报》2017年08月07日第11版）

## 二、从"织里窗口"看"中国之治"及其世界意义

浙江湖州的织里，是当代中国国家治理、社会治理的优秀典范。走进织里，走进湖州，可以看到中国治理是如何发生、如何拓展、如何提升、如何具有世界意义的。

### （一）"中国之治"从何处来

中国治理的总前提是为了解决中国问题，帮助中华民族更快实现现代化，在社会主义的道路上实现中华民族的伟大复兴。所以，中国治理和中国道路是基于中国的历史、现实，瞄准于中国的未来。而中国问题是什么问题？是如何从半殖民地半封建的国家走向现代化。这虽然是世界性问题，但中国所承受的压力尤为突出。

十九届四中全会明确提出，到 2020 年，中国特色社会主义的制度和国家治理体系更加成熟、更加定型。美国耶鲁大学的学者曾作题为《"一带一路"与 2100 年中国的愿景》的发言，当中国还在集中考虑 2049 年、2050 年的时候，学者已经想到了 2100 年。从长远意义上，要明确中国治理的核心是为中国人民谋幸福，为中华民族谋复兴。

### （二）"中国之治"具有世界意义

### 1. "中国之治" 是在中国走进世界现代化进程中生成的

"中国之治"生成的过程就是世界各国共同谋求现代化的过程。中华民族曾经有过历史的辉煌，中国曾经在全世界的经济体系中最强盛的时期，占全球经济总额 33% 左右，但是 1840 年以来迅速跌到 1949 年的 4.6%。在历史背景下，中华民族的伟大复兴有两个前提：历史辉煌与近代苦难。而世界上的各个国家都具有特殊的相似性，近代以来西方国家的发展是以殖

民作为前提和条件，而现代化的发展要求所有的国家走出殖民时代，走进现代化，实现自主发展。在这个过程中，中国不断地向世界学习，比如全盘地学习苏联，基本上照抄了苏联模式，后来发现走不太通；中国也学习了西方的市场经济等，获得了很大的进步，但是也有一定问题。中国在发展的过程中既学习又借鉴，而且不断地探索与创新。这样的发展历程是许多国家共同面对的，但中国在发展的过程中无意之中走得更好，更快，进步的幅度更大，引起了各国的广泛关注。

### 2. "中国之治" 汇聚了迄今为止人类现代化几乎所有模式的优点

世界的现代化、全球化共有五大模式：首先是西欧比较经典的现代化，其次是北美以美国为代表的现代化，然后有了苏联东欧的以社会主义的公有制为代表的现代化模式，再次包括新加坡、马来西亚、韩国、日本等在内的这些东亚国家的崛起，最后还有拉丁美洲国家的现代化的模式。中国学习借鉴这五种模式中值得学的东西，但是中国的道路不是任何一种治理模式的简单照搬，而是既学习又不断地探索与创新。在十九届四中全会上习近平同志代表中国共产党人总结了 13 个显著优势和中国将要继续坚持的 13 种制度，包含 100 项具体内容，这是中国共产党人在制度自觉上进行了系统、缜密、宏观思考的结果。反观，中国今天的融会之所以具有显著优势，就是避免了传统模式下可能存在的弊端。社会主义具有了中国特色，现代化具有了中国道路，中国优秀的传统文化具有了现代的内涵，并且这三者的内涵有机地融会起来，由此中国道路所形成的中国智慧被称为"中国优势"或"中国特色"。

### 3. "中国之治" 面向未来

当前的人类陷入了前所未有的困惑：现代化进行了 200～300 年，全球化已有半个多世纪，现在却出现了如此强烈的反全球化的浪潮、单边主义，甚至世界上经济规模最大的国家、战后全球治理的主导者美国带头实行单边主义、反全球化，而且愈演愈烈。这实际上给世界各国提出三个核心挑战：人类有没有共同的道路；人类有没有更好的道路；该选择什么样的道路。在这个问题上，中国共产党人经过了几十年的努力，明确给出了自己的回答，那就是中国不仅仅要把中国的事情努力做好，还要构建人类命运共同体，与世界各国走向共同发展的道路。

### （三）中国道路和中国智慧对于世界的启示

从方法论的角度谈，中国道路是属于中国的，即使具有启示意义，任何国家都不应该也不可能照抄照搬中国模式。但是世界各国从中国的发展中，可以获得三个方面参考。

#### 1. 坚持改革开放发展创新的哲学

中国共产党人在 100 年来最重要的经验，就是始终以人民的利益为根本。在这个基点上，全心全意为中国人民谋幸福、为中华民族谋复兴。瞄准这样根本性的目标，生产力、生产关系、经济基础、上层建筑都需要不断改革。由改革开放走向全面深化改革，是习近平总书记和党的十八届三中全会以来中央治国理政极为重要的经验，在面对中国的成功和世界复杂的情况下，保证以后不止步，继续往前走。这是世界各国人民一定可以从中得到启示的。

#### 2. 基于现实问题寻找各自的发展道路

所有的治理模式离开了自己的历史基地，基本上都是无效的。坦率地说，全球 200 多个国家各自有各自的国情，最大的国情是各个国家、民族生活在世界资源分布数量不同、深度不同的不同地域，同时又具有不同的历史传统的文化，生产方式差异较大，思维方式、生活方式、交往方式也相差甚远。中华人民共和国成立 70 年来尤其是改革开放以来，历届领导人始终把中国问题作为中国共产党治国理政的重要前提，由此有了毛泽东思想、邓小平理论、三个代表重要思想，有了习近平新时代中国特色社会主义思想，思考怎么从站起来、富起来到真正强起来的问题。所以从问题出发，就能找到自己应该走的道路。

### 3. 永远要立足本国实际，但是又要探寻人类文明发展大道

在人类文明发展进程中，并不是所有的选择都是正确的。70年来中国由跟着走到同步走，逐渐领先走，始终是非常谨慎的。中国发展一个很重要的目标，就是希望世界各国人民能够实现共商共建共赢，构建人类命运共同体。这不仅传承了中国人兼济天下的情怀，又符合各国当代人民的实际。在这一点上，全球智库、各方面的学者在为谋本国发展的同时，也为谋人类共同发展而努力，应更好地携起手来，共同研究国家治理。

（本文是根据华中科技大学原党委副书记、国家治理研究院院长欧阳康在织里"中国治理的世界意义"国际论坛上的发言整理）

党的十八大以来，我们党从提出"社会管理"到"社会治理"，从提出"加快构建共建共享的社会治理体制"到提出"打造共建共治共享的社会治理格局"，从理论到实践都取得了显著成就。人民生活不断改善，在扶贫、教育、就业、收入、医疗、住房等方面的获得感不断增强，社会治理理念深入人心，社会治理体制深化改革，社会治理方式不断丰富，社会治理体系更加完善，社会大局保持稳定，国家安全全面加强。随着中国特色社会主义进入新时代，我国的社会治理也站在了一个新的历史起点上，推进国家治理体系和治理能力现代化进入了新的历史阶段。习近平同志提出的一系列加强和创新社会治理的新思想、新观点、新论断，是中国社会治理领域最为重要的创新性进展与创新性成果。

现代化的治理体系和能力，离不开现代化的社会治理制度，这是保证正常的社会秩序而制定的具有约束性的各种行政法规、章程、制度、公约的总称。它包括有权迫使人们服从的正式制度和规则，例如明文规定有严格奖惩措施的法律和各种规章制度；也包括各种人们同意或以为符合大家利益的非正式的制度安排，例如伦理道德规范、风俗习惯、村规民约、社区公约等。在我国的社会治理制度建设中，一方面要加强法治建设，推进科学立法、民主立法、依法立法，以良法促进发展、保障善治；另一方面要加强德治建设，强化道德约束，规范社会行为，调节利益关系，协调社会关系，解决社会问题。例如加强行业规范、社会组织章程、村规民约、社区公约等社会规范建设，充分发挥社会规范在协调社会关系、约束社会行为等方面的积极作用。引导公众用社会公德、职业道德、家庭美德、个人品德等道德规范修身律己，自觉履行法定义务、社会责任和家庭责任，自觉遵守和维护社会秩序。同时，在我国要根据我国国情，利用我国传统文化的合理成分，充实社会治理的方式方法。

2019 年 10 月的中共十九届四中全会清晰勾勒出推进国家治理体系和治理能力现代化的目标与路径，为我国全面加强社会治理指明了方向，强调治国安邦重在基层。加强和创新基层社会治理，关乎党长期执政、国家长治久安和广大人民群众的切身利益。织里作为中国最基层单元，多年来践行中央和省市区社会治理决策，通过自身在社会治理中改革探索，为社会治理这道日趋多元、更加复杂、挑战更多的考题找到了思路和答案，形成了一套相对稳定且行之有效的制度，构建起了基层社会治理新格局，为全面建成小康社会后的社会治理先行先试，为提升现代化基层社会治理水平和能力创造了经验。

## 一、织里社会治理历程

作为一个人口组成多元、外来人口众多的新型小城镇，织里镇在探索社会治理进程中，既经历过火灾、群体性事件等生产生活矛盾集中爆发，又长期面临着迅速增长的城市体与原有行政管理体制机制不相适应的发展矛盾。织里镇社会治理的历程，始终围绕安全监管、群体冲突、环境卫生整治、城市机体发展等问题交织呈现，破解"小马拉大车"式社会治理难题的核心工作又贯穿其中。

### （一）社会结构和外来人口无显著变化，社会治理问题整体可控

1992 年之前，织里镇正处于经济发展萌芽时期，配套的城市基础设施十分落后。改革开放之后，随着织里镇手工业发展，当地人口自由度增加，涌入织里的流动人口及外来物资总量逐步上升。但由于当时织里地区交通尚不发达，318 国道还未建通，织里镇如同大多数的江南小镇一样，以客船为主要交通工具，城市机体较为简单，社会治理问题整体可控。

（二）外来人口数量急剧增长，社会治理问题复杂

1992 年 8 月，湖州市政府批准设立织里经济开放区，织里的城市街道开始建设，家庭作坊式童装产业初具规模，交通设施逐步开放，外来务工人员逐渐涌入。1995 年 6 月，织里镇被批准列为全国小城镇综合改革试点单位，赋予部分县级经济管理权限。1999 年，织里实现了"五镇合一"，发展空间急剧扩大，各类要素向镇区迅速汇聚。伴随着童装经营产业规模扩大，劳动力市场和联托运市场等相继升级，以安徽省为主要来源的外来人口大量涌入织里镇。直至 2004 年，织里镇的流动登记人口数量首次超过本地户籍人口数量，由 2003 年的 4.9 万余人猛增至 14.2 万余人。

这一阶段，织里镇社会治理经验欠缺、力度不足的问题也初步显露。例如，对于流动人口的管理停留在人口登记层面，主要以手工登记为主，难以准确核实身份，人口登记率和信息准确率低。同时，社会治安防控观念还停留在较为初级的层面，警力配比严重失衡，人口登记率很低。日常社区事务工作以户口迁移审批、征兵政审等内勤工作为主，街面巡控基本缺失，远未能形成整合联动的治安管理体系。打不胜打、防不胜防、疲于应付是常态。

（三）以破解具体矛盾为中心，持续推进社会治理

**1. 2006—2011 年以生产安全整治为中心**

2006 年 9 月 14 日和 10 月 21 日，织里分别发生了两次重大火灾，共导致 23 人死亡。这两起火灾事故使存在着严重安全隐患的童装企业、面辅料企业、出租房以及三合一作坊式生产活动成为治安管理监督的重点。在经历 2006 年两场火灾后，织里镇政府痛定思痛，围绕"生产生活分离、根治火灾隐患、确保社会稳定"的目标，依法对镇上生产、仓储和住宿为一体的三合一生产经营单位进行全面整改。据统计，此次改造共投入资金 3.5 亿，耗时 508 天，全面完成了涉及 13 800 余名房主（业主）、1 060 幢建筑

的区域改造任务。

**2. 2011 年—2015 年以社会矛盾纾解为中心**

2011 年 10 月 26 日，织里镇发生了因税而起的群体性事件，经济快速发展背后隐藏的社会矛盾有了爆发式的呈现。织里镇不仅是生产监管、治安防控的核心地区，也是矛盾纠纷集聚的焦点地区，重视并纾解社会矛盾成为社会治理的重点工作。为了有效应对上述问题，织里镇以社会矛盾纾解为中心，相继在社会治安、社区建设、文化建设等层面作出相应调整。

这一阶段，在管理模式上提出了诸多创新思路。

## （四）以环境综合整治为主线，社会治理进入全面发展期

2015 年之前，违章建筑、环境卫生、镇容镇貌、流动摊贩四大难题一直是织里镇社会建设的"心病"，当地居民中流传着"遍地是黄金，遍地是垃圾"和"人多、车多、垃圾多"等说法，便是对这种情形的真实反映。以垃圾清运处理问题为例，日均产生垃圾在 500 吨左右，高峰期更接近近 700 吨。而目前全镇环卫工人在 950 人左右，大多为自聘临时工式的外地人，这意味着每人每年需清扫超过 200 吨垃圾，工作量很大。环卫人员不足的问题长期以来并未得到集中的管理和解决，使得环境卫生问题的矛盾愈演愈烈，居民的规则意识和环保意识也变得十分淡薄。

2017 年，织里镇政府以创建文明城市为契机，以彻底摘掉"脏乱差"这顶帽子为根本目标，举全镇之力开展城市环境大整治。经过 130 多天的集中整治，清理背街小巷垃圾和堆积物 5 万吨，拆除违建 54 万平方米，清理"牛皮癣" 18 万平方米，取缔流动摊贩 4 000 余个，累计投入资金 6 000 余万元。织里发生了深刻的变化，不仅体现在城镇风貌的转变，更渗透在居民的法治意识当中。在治理过程中，当地执法机关坚持以德治为基础，以法治为手段，在公平正义的框架之下严格执法，为织里镇社会治理开辟了新的治理方向。

与此同时，织里镇结合小城市建设管理工作，以振兴街道东盛社区为试点，针对城镇管理顽疾重点突破，加快基层社会治理体制改革，全面推

动治安管理力量下沉社区，初步探索形成了"镇社共管、居民自治、全科网格、扁平治理"的社会治理模式。目前全镇共有 17 个社区，343 个网格，社区网格管理人员 509 人，行政执法队员 420 多名。每个全科网格分别配备网格长 1 名（由熟悉业主情况的安监员担任）、网格警长 1 名、执法人员 1 名、兼职网格员 2 名（由环卫工人或者志愿者担任），将公安、消防、安监、执法、环卫、市政、交通管理等"科目"全部"入格"，实现各个条线管理职能与全科网格的无缝对接。

而为了贯彻安全生产和消防安全的有关决策部署，持续开展火灾隐患排查整治，全面落实消防安全责任制，织里镇也正在积极筹划推动镇区内童装类企业员工宿舍的整治改造提升专项行动。当前织里镇上的童装类企业员工宿舍基本上都是 2006 年三合一整治时改造完成的，到现在已有 10 多年之久，住宿面积不足、房屋通风状况不佳、消防设施更换维修不及时等问题日渐凸显。因此，织里镇将以关爱员工生活和维护员工切身利益为根本出发点，按照新的标准和要求改造提升，将员工宿舍打造成干净、整洁、安全的住宿区，按照居住出租房的要求进行管理，从根本上彻底消除员工住宿区的消防安全隐患，改善员工的住宿条件，帮助有关企业拴心留人，反哺当地产业更好更快发展。

## 二、织里社会治理主要特征

织里因童装产业而内生，因改革创新而发展，其社会结构和社会关系既有一般小城市的特点，又有自身的鲜明个性。

### 织里镇主要社会关系

#### 1. 租赁关系

在织里，租赁市场以房产租赁为主。在童装产业发展的过程中，织里本地居民实现了从生产经营者向房屋出租者的历史性转变。20世纪80～90年代，织里本地居民开始从事童装产销，随着发展，织里镇在拆迁征地的过程中建造了生产、经营、居住"三合一"模式房屋，部分本地居民放弃了童装产销业务而转向经营房产租赁业务。到目前为止，织里绝大多数本地居民以出租房产为生。而外来从业者因资金短缺等问题，大多只能靠租房进行童装生产经营活动，由此在织里镇形成了一个集中的房产租赁市场。房产租赁关系成为织里地区的重要经济关系，也成为其他生产关系和经济关系的基础。在房产租赁关系中，租赁者处于主要方面，掌握着房产的所有权和租赁的主动权。

### 2. 劳资关系

在织里地区的劳资关系中，童装产业内的劳资关系是主体。童装产业是一个劳动密集型的产业，进入门槛较低，可以提供大量的就业岗位，同时织里镇的童装产业已形成了较为完整的产业链，具备良好的发展环境，吸引着大量外来人口前来务工和定居，造就了织里镇内庞大的劳务市场。劳资关系是织里社会的主要生产关系，也是影响社会稳定的新因素，妥善处理劳资纠纷和矛盾，构建和谐的劳资关系，才能在织里镇的社会治理中增强理解信任，减少误解摩擦，打造公平合理的利益分配新格局。

### 3. 竞争关系

有市场必有竞争，竞争是市场的核心要素。织里镇市场众多，其中童装市场最大。上万家童装企业聚集在一起，产品相同，档次相同，市场竞争十分激烈。在激烈的市场竞争中，每年有一批小微企业关门，同时又有一批小微企业诞生。江西商会的副会长在采访中说到2008年他从江西省吉安市新干县来到织里打工，到了2012年就开始自办印刷工厂，以商标贴牌为主营业务，工厂规模从55平方米扩增至1 200平方米左右，目前年流水近800万元。在织里镇，这样的小微企业如雨后春笋般涌现，对于新工商经济实体的注册、登记及管理也成为织里行政服务和社会治理的重要部分。

### 4. 地缘关系

织里社会的地缘关系主要有以下几种。

（1）文化地缘关系。在织里居民中，新居民占比约为 77％，老居民约为 23％。居民文化具有明显的地缘属性，新居民与老居民之间有文化差异，新居民与新居民之间也有文化差异。不同地域的文化汇集在一起，建构了一个丰富多彩的地缘文化关系景观。商会便是地缘关系的典型体现，2011年起织里镇成立第一家商会，目前共有 10 家正式成立的商会和 3 家试运行商会。

（2）身份地缘关系。织里镇下辖 34 个行政村，具有农村户口的居民大多拥有土地资源，许多人主要从事农业生产。这些人的农村身份属性与已经成为城镇居民的群体也形成了一种身份地缘关系。

织里人口组成多元，独具特色的社会结构和社会关系，使得当地居民间缺乏普遍认同的问题显露，迅速发展的城市体与行政管理机制及公共基础设施资源之间的矛盾升级，带来了人、产、城融合进程中的社会治理问题，突出表现在：行政管理的机制仍然不顺，劳资关系和租赁关系还存矛盾，社会生活的安全还需加强，公共生活的秩序仍需规范，地缘社群矛盾仍需纾解。

## 三、推进社会治理综合改革

党的十八大以来，以习近平同志为核心的党中央高度重视党建对基层社会治理工作的引领功能。习近平总书记指出，党的工作最坚实的力量支撑在基层，经济社会发展和民生最突出的矛盾和问题也在基层，必须把抓基层打基础作为长远之计和固本之策，丝毫不能放松。基层社会治理，离不开党的领导和党建工作。经历了 40 多年改革开放，中国经济社会发展取得了耀眼成就。富裕之后，需考虑如何实行高质量的社会治理，满足人们对物质文化生活以及对民主、法治、公平、正义、安全、环境等美好生活的新要求。织里坚持党的领导，完善"执政末梢"，在社会治理中拿出绣花功夫，走出了基层社会治理新路。

党的十九大报告强调要"完善党委领导、政府负责、社会协同、公众参与、法治保障的社会治理体制"。织里创新社会治理体制，把资源、服务、管理放到基层，把基层治理同基层党建结合起来，充分发挥党建对基层社会治理的引领功能，提高基层社会治理水平。针对织里童装企业多、外来人口多的特点，建立健全各级党组织。在 13 个商会等组织中建立党支部，不断深化"同心共治、同创共富、同行共美"的党建融合新模式，推行"支部建在网格上"。将每月 15 日固定为支部主题党日，吸纳流动党员参与组织生活和社会治理志愿服务，推动新老织里人融合。

完善"执政末梢"。发达的市场经济与滞后的行政体系的矛盾，曾让织里长期面临"小马拉大车"的治理困境。"两把大火与抗税事件，实质上还是社会治理能力跟不上产业发展步伐的问题。"吴兴区委常委、织里镇党委书记宁云说，大量童装企业加工场所都是集员工住宿、生产车间、材料仓库为一体的"三合一"，外来务工人员难以融入社会，不少行业商会演化为涉黑组织。"这些问题政府都清楚，但却都管不上，因为精力都耗在应付各类上访事件了"。

过去，织里的行政编制配备没有考虑流动人口因素，纯粹与户籍人口挂钩，造成一座 45 万人的城镇仅有 200 个行政编制；镇级行政部门只有管辖权，没有执法权，导致"看得见的管不着"；从严治党后，各类加班费、津补贴全部取消，基层调动干部干事创业积极性明显不足。尤其是突发事件暴露治理短板，织里痛定思痛，通过干部下沉、充实网格、多方参与等方式，实现经济报表和平安报表双提升。2014 年 1 月，湖州市、吴兴区两级党委和政府经深入调研，决定在织里镇推进行政管理体制机制改革。织里镇创新建立 4 个二级街道、2 个办事处，重点承担城市管理、新居民服务等职能。另外，实行强镇扩权，建立 9 个实体化运作的区行政职能局织里分局，被给予县级管理权限与相应配备。借助纳入浙江首批小城市培育试点镇机遇，织里设立二级街道办事处；邀请市区职能部门设立派驻机构，实现力量下沉强镇扩权，建立了与社会发展相适应的社会治理体系，发挥出十分明显的成效。

联勤联动，城市管理盲区基本消除。二级街道（办事处）成立前，织里镇城管执法分局仅 60 名工作人员，人少事多，仅日常工作就包含拆违控违、城市市容管理、大气污染防治、各类广告审批、占道审批等诸多方面。由于力量有限，工作重心放在全镇富民路、吴兴大道等几条商贸和餐饮行业集中的主要街道上，老城区街道内的背街小巷管理不到位，垃圾清运不及时。成立后，行政执法力量下沉到一线，每个二级街道（办事处）都配备了一支行政执法队伍，共有工作人员 420 多名。2017 年 7 月，以东盛社区为试点，二级街道（办事处）执法人员进一步下沉到社区和网格，建立"街道—社区—网格"的三级网格行政执法体系。目前，该项工作已在 6 个街道（办事处）17 个社区全面铺开，同时联合公安、安监等力量，在各自辖区全天候不间断开展巡查。

网格管理，安全生产隐患及时消除。之前，织里镇虽然实行网格化管理，但没有专职的安监员，安监工作由社区工作人员承担，每位社区工作者需用 1 个月时间才能走访完网格内的童装企业，很多安全隐患比如消防器材缺损、疏散通道堵塞、电线私拉乱接等问题不能及时被发现。二级街道（办事处）成立后，以此为片区成立 6 个消防安全工作站，17 个社区、34 个行政村再划分出 232 个网格，每个网格配合专职消防安全监管员，实现了消防安全监管无盲点。

就地化解，矛盾纠纷调解成功率提高。2013 年，织里镇信访分局 1 年接待了 4 000 人次信访，承接了 6 000 多个通过"12345 政府阳光热线"反映上来的问题。这样的工作量使仅有 5 名工作人员的织里镇信访分局不堪重负。群众诉求的问题，主要涉及环境污染、违章搭建、道路交通、市政管理、拖欠工资等方面，一旦得不到及时有效解决，当事人不良情绪就会逐步滋长，有些群众就会采取越级上访等其他方式，这既干扰了正常的生产、生活秩序，又增加了调解处理的难度。成立二级街道（办事处）后，每个街道（办事处）有 3～4 名专人负责信访维稳工作，并成立综合治理调解站，大量矛盾纠纷在二级街道（办事处）就能及时化解。

服务外包，全面实行环卫精细化保洁。织里镇 90 平方千米的镇域面积每天会产生 500 吨垃圾，二级街道（办事处）成立前，100 多位保洁工人和 20 多辆垃圾运输车垃圾日处理量在 400 吨左右，还有 100 吨垃圾来不及清理。特别是以前童装生产集聚区，如云村社区、今海岸社区、朱湾社区、东盛社区的 35 条背街小巷都是重灾区。二级街道（办事处）成立后，环卫工作采取属地管理方式，每个街道（办事处）成立环卫站，垃圾日产日清，精细化保洁延伸到织里的每一条街道，基本消除卫生死角。2018 年 2 月织里镇实行城乡环卫一体化 PPP 项目运作，垃圾清扫、清运、处置等实行整体外包，由美欣达公司负责日常经营管理，由街道（办事处）环卫站进行监督考核，全镇环境卫生有了翻天覆地的变化。"12345 政府阳光热线"上针对织里镇环卫工作的投诉连续下降。

志愿服务，协助新居民管理。二级街道（办事处）成立后，在新居民管理方面，街道（办事处）充分挖掘所辖区域乐于助人、热心公益事业的人士，各自成立志愿者队伍，吸引社会力量参与城市管理，推进社会治理水平和治理能力双提升。例如，由 24 名新织里人组成的晟舍街道"平安大姐"志愿团，在法律允许的范围内主要从事劳资纠纷调解和邻里矛盾化解等活动，自 2015 年 12 月成立以来，已经协助党委、政府调解各类纠纷 358 起，成功调解 279 起，得到了社会各界的一致好评。

在社会治理的过程中，织里加强和创新党的建设工作，突出党组织领导的核心作用，把基层党组织建设成为"宣传党的主张、贯彻党的决定、领导基层治理、团结动员群众、推动改革发展的坚强战斗堡垒"。切实发挥党员干部的带头作用，建立干部下"扁平化"管理机制。织里安排副科级领导干部担任街道办事处负责人，安全生产、综治维稳等数十项职能全部下放到街道办事处。扁平化的行政管理体系，让群众反映的问题在基层就能直接处理。2014 年前，全镇机关与基层一线干部数量比例为 2.36∶1，机关臃肿，基层空心，经常一个街面井盖问题层层上报，三四天都修不好。现在机关与基层干部数量比为 1∶2.5，基层一线责任分工明确。

总结织里的社会改革之路，通过健全党组织领导的自治、法治、德治相结合的基层治理体系，推行网格化管理和服务，发挥群团组织、社会组织作用，发挥行业协会商会自律功能，实现了政府治理和社会调节、居民自治良性互动，夯实了基层社会治理基础，开创了社会治理新格局。

## 四、构建多元化矛盾纠纷化解机制

一对江苏夫妻因薪资问题与织里一名童装企业主发生冲突，双方闹到了织南矛盾纠纷调解中心。经了解，这对夫妻最近因为个人原因准备离职，但企业主认为他们突然离职会对企业造成损失，不愿将工资全部结清。经调解双方最终达成和解，企业主将剩余工资全额支付给了这对夫妻。

"以前发生这样的劳资纠纷都会报警处理，然后再由公安部门移送到劳动争议调解委员会进行调解，调解不了的还要上交劳动仲裁部门进行仲裁，过程繁琐、效率也低。"该中心相关负责人说。为化解这一矛盾，该镇在2014年成立织南矛盾纠纷调解中心，采用"4＋$N$"的工作机制，整合公安、劳动保障、综治信访、法律咨询等职能部门资源，并邀请各类社会力量参与调解工作，实现了矛盾纠纷调解的"一站式"服务。截至目前，该中心已成功调解各类矛盾 2 000 余起，为当事人挽回经济损失近4 000万元。

快速有效地帮助群众解决疑难矛盾纠纷，是构建和谐社会的基础。2014年以来，织里镇积极打造"1个多元矛盾纠纷调委会＋2个调解中心＋6个二级街道调委会＋51个村居调委会＋社会组织参与"的多层次调解组织网络。同时，该镇还组织司法、综治、公安、信访、劳动保障、法庭等多部门联动，探索警调联合、访调联合、劳动纠纷快速处理等于一体的矛盾纠纷多元化解机制。

织里镇一家童装企业因经营不善面临倒闭，企业主一家也在一夜之间"凭空消失"，20 多名工人 40 余万元的工资没了着落。"平安大姐"社会工作室了解到情况后，千方百计联系到企业主，并告知其相关政策和情况，最终该企业主通过变卖企业设备和个人资产付清了工人的工资。

织里镇有 35 万外来人口，为促进新老居民和谐共处，该镇结合自身实际，采用以新调新的方式，鼓励新居民和谐促进会、"平安大姐"社会工作室、地域性商会等新居民社会力量积极参与矛盾纠纷的调节。"这些人虽是新居民，却在织里生活多年，对织里的情况十分了解。同时，在老乡群体中又有很高的威信，对当地的风俗习惯、处事方式也很熟悉，让她们参与新居民矛盾纠纷调解的效果要比我们好得多。"织里镇综治主任巩玉虎介绍说。

调解机制不断完善，织里对硬件设施的建设也没落下。该镇已建成 2 000 多平方米的矛盾纠纷多元化解中心。"这里除了整合司法、卫计、法律、公安等服务功能，还设立流动法庭、劳动仲裁庭等，打造矛盾纠纷多元化调解平台，所有矛盾纠纷都能在这里得到有效调解。"

织里在社会治理中，确保从群众最关心最直接最现实的利益出发，化解社会矛盾，维护社会稳定；协调各利益主体的关系，避免社会分化。在党委、政府领导下，织里构建社会矛盾调处机制，加强村社自治功能，大力发展志愿者队伍，引导企业发挥力量等，号召人人参与、层层参与、每个组织都参与，共绘社会治理"同心圆"。

党组织对各级各类社会治理组织的全覆盖，切实发挥了作用，增强了风险矛盾的预测、预警和预防能力。依托党组织，织里打造了"4＋$N$"工作机制，整合公安、劳动保障、综治信访、法律咨询等职能部门资源，协同各类社会力量，打通基层治理"最后一公里"，做到"小事不出村，大事不出镇"，增强群众获得感、幸福感和安全感。

充实力量搭建"网格化"治理体系，党组织建在网格上。在不增加行政编制情况下，织里镇近年来招录编外干部 1 200 多人。这些编外干部直接与镇上签约，全部下派到社区基层一线当安监员、巡查员；全镇辖区划分为 343 个全科网格，每个网格配备 1 名网格长与 1 名网格警长，3 名网格员，实现公安、消防、案件、环卫、市政等职能全部"入格"。同工同酬消除编内编外待遇差异，让编外干部工作积极性、主动性十足。当地公开招聘 50 个编外干部，收到约 400 人报名，其中不乏海外留学生。2017 年从辅警转到晟舍街道工作的方祥达，因突出的工作表现被聘任为高级职员，年收入能达到 13 万元。在织里镇，像方祥达这样从一线编外干部晋升到高级职员的共有 21 名。

每月举办一次"织里论坛"，对全镇干部进行社会治理等方面知识的培训，增强治理富裕地区的能力和水平。作风效能切实优化。建立健全机关干部实绩导向考核机制，发扬干部担当有为、勤政务实的作风，严厉整治庸政、懒政、怠政现象，确保政令畅通、运转高效、规范有序、执行有力。建立健全行政问责制度，提高行政效率，全面完成各项任务，形成了用制度规范、按制度办事、靠制度管人的良好局面。

织里始终将纪律和规矩挺在前面，抓紧抓实党风廉政建设和反腐败工作，坚决查处违法违纪案件，解决发生在群众身边的腐败问题，打造清正廉洁的政府良好形象。2017 年，查处各类违纪违法案件 57 起，处理违纪党员 57 人，开除党籍 27 人。

动员商会构筑"多元化"综治格局。来自全国 11 个省份的新居民，在织里组建了 13 个商会组织，商会组织负责人多为童装企业主。汲取"抗税事件"中商会组织旁观甚至对立的教训，织里镇党委、政府定期与各商会组织负责人座谈，每年评选先进商会，组建织里平安公益联盟，引导商会承担部分劳资维权、矛盾调解、隐患排查等行政职能。

## 五、抚平心灵鸿沟，增进民生福祉

"围绕人的需求做文章"始终是织里社会治理精细化探索的根本逻辑。做好新居民的管理和服务工作，促进城乡融合发展，以发展教育、文化、医疗等民生事业作为社会治理的保障。深度探索社会治理精细化，让织里成长为一个全面建成小康社会后的善治之城。35 万新居民享受到了基本公共服务，投资近百亿元新建、扩建中小学和幼儿园、三级乙等医院、社区卫生服务站、公园等，公办学校超 60% 在校生为新居民子女。同时，推广新居民"积分入学"政策，保障每一名适龄学生都能上学、上好学；推行就医异地结算制度，新居民在定点医院门诊或住院治疗可即时报销；设定房屋最高限价，让新居民在织里能买得起房、安得下家。与新居民户籍地较为集中的安徽安庆等县建立政务、警务、党务双向合作，与辽宁、吉林等7个省份患者就医实现异地结算和跨省联报。近年来，有40多名新居民当选省、市、区"两代表一委员"。积极响应省委提出的"三服务"活动号召，构建新时代"清、亲"政商关系。承接市区下放事权531项，日均办理业务1 280余项。公布400项业务全部实现"最多跑一次"，"千名干部联村企，争当金牌店小二"，合力化解企业、基层、群众的痛点和难点问题。

像绣花一样管理城市，为新老居民创造优良生活环境。织里坚持以人民为中心的发展思想，不断提升城市公共服务的均等化、普惠化、便捷化水平，全面推进精细化管理。织里镇日均产生垃圾500吨左右，高峰期更是接近700吨，"垃圾围城"成为老大难问题。东盛社区是有着3.5万人口、2 267家经营户的大型社区，也是织里镇落实"四全工作法"（力量全线下沉、建好全科网格、加强全程监管、推动全员参与）的试点社区。东盛社区广泛发动沿街经营户进行卫生包干，并根据店内环境、门口卫生等状况实行一周一评，对"笑脸"门店给予收费减免优惠，有效调动了各个主体的积极性，消除了脏乱差现象。

## 六、防范化解重大社会风险

织里重点防范社会治理风险，创新发展"枫桥经验"，筑牢群众思维。织里将发动群众、服务群众的观念落实到基层治理之中，让人民群众成为基层治理的直接参与者、最大受益者、坚定支持者，使群众从单纯个体受益向同步参与社会事务转变。党委要求干部既要有防范风险的先手，又要有应对和化解风险挑战的高招；既要打好防范和抵御风险的有准备之战，又要打好化险为夷、转危为机的战略主动战。

（1）在市委、区委领导下，通过领导干部夜查及暗访、网格员发现、群众举报等，建立和完善重大公共安全风险排查机制。要坚持关口前移，加强日常防范，加强源头治理、前端处理。

（2）在群众关注的领域，为化解和应对重大公共安全风险和事件做好准备。要狠抓加强基层应急能力和加强应急保障能力这两项重点工作，探索社会治理精细化，建立风险和社会矛盾防范化解机制，让织里成长为一个良法善治的新型城市。

（3）做好重大公共安全突发事件应急处置和善后处置。要提高风险化解能力，透过复杂现象把握本质，抓住要害，找准原因，果断决策，要善于引导群众、组织群众，善于整合各方力量，科学排兵布阵，及时、有效地处理各种公共安全突发事件。

（4）社会维稳力量向基层派驻，警力向街巷下沉，交巡合一，联勤联动，巡处一体。由于狠抓防范风险、化解隐患的工作，织里的平安指数屡创新高。例如，仅查火患、清占道一项，最多时半年消除安全隐患 6 000 余处。同时，对待各种乱象坚持用重典，坚决打掉首例，换来下不为例。命案连续多年保持全破，刑事案件较 2015 年的 3 000 余件下降了 50% 以上。

## 七、三治融合构建现代治理体系

党的十九届四中全会通过了《中共中央关于坚持和完善中国特色社会主义制度　推进国家治理体系和治理能力现代化若干重大问题的决定》，其中提出："建设人人有责、人人尽责、人人享有的社会治理共同体。"这是对社会治理规律认识的深化与拓展，为新时代推进社会治理现代化提供了指引。《中共中央关于坚持和完善中国特色社会主义制度　推进国家治理体系和治理能力现代化若干重大问题的决定》还提出要"完善党委领导、政府负责、民主协商、社会协同、公众参与、法治保障、科技支撑的社会治理体系"，体现了党领导下多方参与、共同治理的科学理念。这是社会治理理念的重大创新与发展，也是顺应社会治理新形势新任务新挑战的必然要求，为破解我国社会治理难题提供了新思路。推进社会治理共同体建设，要把党的领导作为根本保证，坚持以人民为中心的发展思想，凝聚起政府、市场、社会等各种主体的治理合力，寻求社会意愿和诉求的最大公约数，不断满足人民群众日益增长的美好生活需要。在织里开启的社会治理改革中，政府并非"单打独斗"，而是从细处着手，积极鼓励社会团体"共享共治"。织里注重发挥好群众的力量，动员社会组织和个人力量来积极践行讲道德、尊道德、守道德的志愿行动，切实增强本地居民的社会文化认同感、归属感和责任感。其中最为典型的是"平安大姐"。"平安大姐"由来自全国 12 个省份 18 个地区的 24 名成员组成，近 3 年来调解纠纷 700 余起，纠纷化解率达 95％，获得了新老居民和社会各界的一致好评和信任。

（1）用自治夯基础。织里发挥自治的基础作用，明确基层自治边界。通过搭建阳光议事厅等群众议事平台，畅通利益诉求表达渠道，让人民群众广泛参与社会事务的决策、管理和监督，形成民事民议、民事民办、民事民管的多层次基层协商格局。通过村规民约、社区公约等激发社会活力，促进居民自治。发挥织里镇新居民和谐促进会等志愿团体力量，促进新、老居民自我管理、自我服务、自我教育、自我监督。例如，以陈建如为典型发起成立"老兵驿站"，加强对退役军人的沟通联系和精神抚慰，维护退役军人的合法权益，引导退役军人发挥正能量、实现人生价值。织里大力实施"家园卫士"工程，发挥好治理力量"8 小时之外"的作用，组建起覆盖治安巡逻、矛盾调解、线索提供、平安宣传、人员帮教等各领域的志愿者队伍。织里先后成立了吴美丽工作室、"平安大姐"工作室、平安公益联盟、自媒体联合会、"老兵驿站"等社会组织，充分调动社会组织自主自治的积极性，用"千千万万个吴美丽"筑牢维护织里社会稳定的第一道防线。

（2）用法治强保障。在织里生活的新老居民，对当地政府社会治理举措最大的感受就是"公平、公正"。织里政府无论征税、执法还是保障民生，都是"一碗水端平"，始终坚持公平、公正的执政理念，对待百姓也好，对待企业也好，都是一视同仁。在织里，法治发挥着保障作用。织里依托社会组织等力量，整合法学专家、律师等资源进行普法宣传教育，引导社会公众培育和形成自觉守法、遇事找法、解决问题靠法的法治思维，同时充分保障新老居民的各项合法权利。只有这样，政府的公信力才会越来越强，百姓才会越来越满意。

（3）德治扬正气。发挥德治引领作用。创新"以评立德、以文养德、以规促德"的方式方法，发挥道德在规范人们行为、调节社会关系中的重要作用，用崇德向善的力量预防和化解社会矛盾。织里不断深化"织里·知礼"品牌建设，成立"创二代好人基金"，为好人添底气、为社会添正气，让"好人有好报"成为新常态新风尚。织里用"宣传＋"举旗帜、聚民心、育新人、兴文化、展形象，在全社会倡导"幸福生活来之不易，美好生活还需奋斗"的"美好生活观"，理直气壮地传播"社会主义核心价值观"和"织里精神"。以"融媒体"为抓手，用好"织里·知礼"为主线，用好"王金法广播""车间好声音"和电子显示屏等传统媒介，用好"织里城事""织里老蔡驿站"微信公众号和"爱在织里"抖音等新媒体，宣传织里成绩，诉说织里故事，提升织里城市温度，让党的声音传遍织里每一寸土地，做到"源头把控、步调一致、快速响应、不留死角"。使45万织里人民在意识形态领域上同心同德，为织里镇全面探索达到小康社会后的国家治理提供思想保证和精神动力，构建人人有责、人人尽责的社会治理共同体。

一系列改革举措，让一度陷入乱象的织里"凤凰涅槃"。在政府引导下，织里的童装产业完成产业升级，年销售额超600亿元。近年来，在保持经济总量和财政收入高速增长的同时，织里的刑事案件发生率连年下降，火灾发生数量减少，"阳光热线"满意率同比上升超过20％，实现经济报表和平安报表的双提升。


## 八、织里社会治理实践的启示


织里"由乱到治"，与当地党委、政府在现有制度框架体系内结合实际、主动作为、积极探索，构建起运行顺畅、充满活力的工作体系密不可分。织里在社会治理中的探索与成效，对于推动基层治理体系与治理能力现代化，有以下三个方面的启示：

## 1. 党委领导要起决定性的核心作用，要确保治理精细化和资源下沉

以党建引领基层治理创新，是大变革时代基层治理方式与时俱进、国家治理体系和治理能力现代化的必然要求。近年来，我国社会发生明显变化，流动性、多元化、个性化等特征日益突出。与此同时，行政体制的管控职能日益缩小，基层社会治理需求不断提升。这两者交汇，对当前社会治理领域提出了一些新的挑战。织里镇党委书记宁云说，织里由乱到治，关键在于党的领导全覆盖，强化了党的神经末梢执政能力。在基层社会治理中，党的领导不能缺失、不可替代。作为基层社会治理的核心力量，基层党组织的建设水平直接关系到基层社会治理的质量，而基层社会治理质量又反过来影响党的领导根基的稳定性。因此，将党组织建设问题与基层社会治理问题结合起来，应该是新时代实现基层社会治理现代化的主要思路。吉林大学法学院专家陶焘分析认为，党组织建设对基层社会治理发挥引领作用，主要体现在方向性问题上。方向性问题决定着治理道路的选择，直接影响治理的成效。在方向性问题决策上，党组织必须起到核心作用，把好方向、掌好舵。基层社会治理必须在党的领导下进行，需要突出基层党组织建设在社会治理中的引领作用，充分发挥基层党组织建设的载体功能，确保基层社会治理的正确方向、整体规划和统筹协调。在具体事务性问题上，要充分发挥社会治理各主体的智慧，积极支持、鼓励、引导社会各主体共同参与治理。

## 2. "后小康时代" 社会治理需要先行先试

治理体系与经济发展水平不配套，已成为当前众多经济强镇普遍遭遇的难题。推进基层治理体系和治理能力现代化，必须推进相关配套改革，按照加快推进政事分开、事企分开、管办分离的原则，深化治理体制改革，着力加强综合行政执法队伍建设，强化基层社会管理和公共服务职能，完善机构改革配套政策。织里的强镇扩权探索就是一个例子。在新一轮机构

改革过程中，必须在机构设置、人员配备、奖励措施等方面为基层保留适当的自主空间，避免上下一般粗、左右一般齐，鼓励基层发挥主观能动性。

（1）大力加强基层社区组织建设。目前我国农村社区组织（村民委员会）约有 60 万个，城镇社区组织（居民委员会）有 8 万多个，这些组织发育起来会形成基层治理的强大力量。

（2）加快事业单位的改革。事业单位是发展社会事业的主要力量，同时也是承担社会公益服务和社会事务职能非常重要的组织。

（3）积极实现人民团体和行业协会的职能转变。工会、共青团、妇联、科协、文联等人民团体，有庞大的自上而下的人员队伍，有强大的动员能力和执行能力。这些部门不能局限于"桥梁"和"纽带"，要更多地参与社会服务和解决社会问题，要成为社会力量的一支主力军。

（4）积极、稳步促进民间组织的健康发展。

**3. 现代社会治理需加强制度设计，统筹形成合力**

织里的治理实践启示我们，社会治理中，制度建设是关键。党的十八届三中全会的决定，把推进国家治理体系和治理能力的现代化写入全面深化改革的总目标。对于基层而言，要着重做好以下几个方面的工作：

（1）治理的现代化首先是制度的现代化、人的现代化，涉及基层经济、政治、文化、社会、生态各个领域，是各方面治理制度和治理能力的现代化。

（2）在发展中实现治理，把改善民生作为社会善治的基础。让老百姓从经济发展和社会治理改革中得到实惠。群众生活不断改善，社会才能充满活力。

（3）紧盯问题，化解矛盾。织里的一条经验就是不回避问题，敢啃硬骨头，敢于直面风险挑战，稳妥处理遗留问题。

（4）加强干部队伍建设，维护法治权威。基层社会矛盾错综复杂，党员干部的履职能力必须提高，必须善于用法治思维和法治方法进行社会治理，这样才能解决群众"信访不信法"的现象。要加强和维护党组织和党员干部的公信力，依法治理。

（5）注重现代信息技术的运用。织里在智慧城镇建设中抢抓 5G、人工智能等技术应用，其取得的突出成绩证明，发挥科技支撑作用，可以把大数据、云计算、人工智能等现代科技与社会治理进行深度融合，统筹推进信息化手段在城市运行、医疗、养老、环境保护等领域的集成应用，推动社会治理朝着智能化、便捷化、高效化方向发展，为不断提升社会治理整体效能、不断提高社会治理水平提供有力支撑。

织　里　之　治 | 第四章
# 美好生活试验区

用奋斗点亮
美好生活

## 一、新时代建设美好生活的历史唯物主义意蕴

满足人民日益增长的美好生活需要，实现民生幸福，是中国共产党人的初心和使命。党的十九大确立了习近平新时代中国特色社会主义思想的指导地位，做出了新时代主要矛盾是"人民日益增长的美好生活需要和不平衡不充分的发展之间的矛盾"的论断。美好生活成为中国未来发展的核心关键词。学术研究应为国家重大战略服务。从历史唯物主义立场出发，深入剖析美好生活的提出背景、理论内涵、价值目标、系统生成和自我建构的深层机理，有利于建设和实现人民的美好生活。

### 1. 不断满足人民对美好生活的需要是我国新发展阶段的根本特征

马克思说过，"历史不过是追求着自己目的的人活动而已"。人类就是在自己的活动中创造着历史，人的活动的最终目的就是为了生活得更好。马克思对历史的见解可具体化为"社会历史是每个人的能力和自由通过劳动而形成、发展和实现的历史"。马克思始终从世界历史发展规律审视人类的美好幸福生活，认为历史的最终目的是每个人自由而全面的发展，也就是使人民对美好生活的需要成为现实。

在人类发展的第一个阶段，个人依附于特定的共同体，人的能力的发展是不自由、不充分和缺乏深刻内容的，马克思将其概括为"人的依赖关系"；在人类发展的第二个阶段即资本主义社会，人只有通过物才能表现和确证，马克思将其描述为"物的依赖关系基础上的个人独立"；在第三个人类发展的阶段即共产主义社会，基于全面的、共同的社会生产能力基础上的人的自由个性得以充分实现。马克思在考察人的历史发展问题上坚持了

科学观点和价值观点的统一，最终提出"每个人的自由发展是一切人的自由发展的条件"，个人发展和社会发展和谐一致，实现个人的自由、和谐和全面的发展。

习近平总书记秉承了马克思历史唯物主义的这一基本观点，精辟地指出："历史总是伴随着人们追求美好生活的脚步向前发展的。"他在多次讲话中都反复提及，"人民对美好生活的向往，就是我们的奋斗目标"。党中央始终把"为人民创造更加美好的生活"作为自己的执政理念和实现中华民族伟大复兴中国梦的核心战略目标。而"人民日益增长的美好生活需要和不平衡不充分的发展之间的矛盾"上升为新时代我国社会的主要矛盾。

这个主要矛盾是由我国新发展阶段的基本国情决定的。经过40年的改革开放，我国的生产力发展水平有了质的飞跃，已稳居世界第二大经济体地位，对世界经济增长的贡献率超过30%。我国的一二三产业发展都取得长足的进步：工业制造业迅猛发展，成为举世瞩目的"世界工厂"；服务业占国内生产总值的比重达52.9%，迅速成为国民经济的第一大产业；农业现代化水平不断提高，农村发展日新月异，农民生活质量显著提高。2016年，我国人均可支配收入为23 821元，恩格尔系数为30.1%，已属于国际公认的中等收入国家水平。与此同时，我国的文化产业保持了强劲的发展势头，其增速始终高于国内生产总值增速，居民文化消费在消费中的比重越来越高。这些发展中的成就表明，从"供给和需求"双方矛盾来讲，我国人民的生活需要和社会生产的供给条件都产生了质的飞跃，中国经济正在告别落后的社会生产，人民的物质文化需要获得了有效满足。下一步发展的目标是通过平衡和充分的供给，进一步满足人民的美好生活需要。

把建设美好生活作为我国现阶段的发展目标，既体现了我党以"人民为中心"的根本宗旨，也符合马克思的"初心"。目前，中国已站在当代人类文明"新的历史起点"上，正在开启社会的全面进步和人的全面发展的历史进程。根据马克思的观点，这意味着我国开始走出以"物的依赖"为标志的人类"史前史"，走上了真正的"人的历史"的发展道路，这是人类发展史上的一个奇迹。总之，中国特色社会主义进入了新时代，这是我国发展的新的历史方位。新时代要创造人民更加美好的生活，体现了我国发展的阶段性特征和根本要求，也是人类历史发展规律的展现。

### 2. 新时代美好生活的理论内涵和特征

在理论上，历史唯物主义认为，发展就是生活的进步；在实践上，新时代的根本使命是实现不断创造美好生活的奋斗目标。只有明确美好生活的内涵和特征，我们才能有理论自觉和实践创新。

对美好生活内涵的界定应符合我国新时代的要求和我国的具体国情。党的十八大强调努力让人民过上更好生活，提出："要多谋民生之利，多解民生之忧，解决好人民最关心最直接最现实的利益问题，在学有所教、劳有所得、病有所医、老有所养、住有所居上持续取得新进展。"

2017 年 7 月 26 日，习近平总书记在省部级主要领导干部专题研讨班开幕式上指出，我国社会需要呈现多样化多层次多方面的特点，人们"期盼更好的教育、更稳定的工作、更满意的收入、更可靠的社会保障、更高水平的医疗卫生服务、更舒适的居住条件、更优美的环境、更丰富的精神文化生活"。党的十九大进一步强调，中国特色社会主义进入新时代，社会主要矛盾发生了转化，人民的美好生活需要日益广泛，不仅对物质文化生活提出了更高要求，而且在民主、法治、公平、正义、安全、环境等方面的要求日益增长。要不断满足人民对美好生活的需要，"在幼有所育、学有所教、劳有所得、病有所医、老有所养、住有所居、弱有所扶上不断取得新进展，深入开展脱贫攻坚，保证全体人民在共建共享发展中有更多获得感，不断促进人的全面发展、全体人民共同富裕"。这些论述表明，实现美好生活并不是只有物质生活水平提高就可以达成，还需要社会提供多方面的综合条件。美好生活意味着人民多方面的需要得到满足，从而在生活中体验到安全感、获得感、幸福感，最终达到的状态是马克思所设想的"所有社会成员个人的全面而自由发展"。

新时代人民的美好生活需要具有全面性和发展性。首先，美好生活需要是源于人性的正当合理需要，满足此类需要是人不可剥夺的权利。一切否认、压抑人的美好需要的行为都是违背人性的，是从根本上否定了人自身。根据马克思主义理论，人性是人的自然属性、社会属性和精神属性的综合，相应的，属于人性的需要就包括人的自然需要、社会需要和精神需要。新时代人民的美好生活需要具有更为全面和丰富的内容，既要有对自然需要的满足，即经济发展带来的富裕生活和优美的自然环境带来的赏心悦目，也需要有社会的民主、文明、和谐带给人的幸福和尊严，还需要有人的全面发展和对未来更好生活的信心带给人的精神愉悦。人对美好生活需要的追求是人与动物的区别所在。动物的需要和自己的生命活动直接同一，但自由的有意识的人类活动则"通过实践创造对象世界，改造无机界"，即通过物质资料生产活动把自己和动物区别开来，在自己所创造的对象世界中反观、确证自己，以满足自身在物质、精神和审美等多方面的全面需要。人在实践中追求美、创造美、实现美，实现美好生活，突出人的需要的创造性、丰富性和发展性，这是人的本质的体现。其次，美好生活需要的内容是不断发展的。社会发展到一定阶段，人的低层次的生存需要（吃饱穿暖等）对人的激励作用变得有限，而人逐渐对旨在提高生存质量、优化生活条件的享受性需要（娱乐休闲等）和自我实现的发展性需要（自由自觉、正义、完善、审美等）有了更高的要求。需要的发展过程是由低到高依次推进的，低一级需要得到满足以后，高一级的需要就变得突出和迫切了，进而成为人生追求的目标和社会发展的动力。中国古代思想家墨子说："食必常饱，然后求美；衣必常暖，然后求丽；居必常安，然后求乐。"此时的"饱""暖""安"就是物质生活需要，而在此基础上产生的"美""丽""乐"就是享受需要。

　　新时代要满足人的美好生活需要就必须正视它的全面性和发展性。在需要的内容上，人们更多追求社会需要和精神需要；在需要的层次上，人们对发展性需要和享受性需要的要求更为迫切。人们的美好生活需要呈现多样化、多层次和多方面的特点，这既是我国生产力发展水平显著提高的必然结果，又对我国经济社会发展提出了更高的要求。人们对美好生活的需要是人们进行社会生产和生活的动力和源泉。没有人们对美好生活的追求和向往，就不会有社会的发展和进步。

　　人民的美好生活需要在一定社会条件下才能实现。创造、感知、实现美好生活，是有条件的。在私有制的条件下，人的需要具有利己和占有的特性，人的感觉变得愚蠢和片面，对任何一个对象，只有直接消费和占有时，才觉得它是属于本人的。随着私有制的废除、社会主义制度的建立和人民当家做主地位的确立，一切属于人的感知能力和特性才得到解放。马克思指出："在社会主义的前提下，人的需要的丰富性，从而某种新的生产方式和某种新的生产对象具有何等的意义：人的本质力量的新的证明和人的本质的新的充实。在私有制范围内，这一切却具有相反的意义。"人的本质力量的发挥过程，就是人通过创造性生产劳动，不断提高社会生产力水平和优化社会关系，充实、实现和确证其自由个性，满足其各种需要，从而实现人的全面发展的过程。所以，只有构建一定的社会条件，才能充分发挥人的本质力量，才能展现和实现人的美好生活需要。

总之，美好生活需要是源于人的本性的需要，它是不以人的意志为转移的客观存在，既不可压抑也不可忽视。

人民的美好生活需要不仅有广泛的内容，而且是一个递进发展的过程。中国特色社会主义的建设成就为不断满足人民日益增长的美好生活需要准备了条件。人们感受到自由、安康、舒适、幸福，体会到被尊重、被关爱，享受到社会发展带来的文明成果，美好生活正在由理想成为现实。而这一阶段的美好生活需要得到满足，又会激发更高一层次的美好生活需要。人们对美好生活的追求永无止境，最终实现所有社会成员个人的全面而自由的发展，它将贯穿在实现"两个一百年"奋斗目标和实现中华民族伟大复兴的中国梦之中。

### 3. 建设新时代美好生活彰显了人民的历史主体地位

唯物史观认为，人民群众是社会历史的主体，是历史的创造者。在社会历史发展过程中，人民群众起着决定性的作用。习近平总书记在党的十九大报告中，把坚持以人民为中心作为新时代坚持和发展中国特色社会主义的基本方略之一，强调人民是历史的创造者，是决定党和国家前途命运的根本力量。我党一直践行全心全意为人民服务的根本宗旨，把人民对美好生活的向往作为奋斗目标，依靠人民创造历史伟业。建设美好生活既是为了人民群众，也要依靠人民群众，这是我党在新时代坚持人民主体地位和人民至上价值取向的内在要求。

人民日益增长的美好生活需要应是工作的价值取向、政策的制定导向和服务的中心之地。实际上，人民是亿万百姓的集合。每一个人，不论他是农民、工人，还是进城务工人员，都是人民中的一员，都是人民的组成部分。我们的方针政策制定、方案实施，都应围绕每一个人、每一个阶层、每一个群体的美好生活需要而进行。但是，一方面，人民是由不同群体构成的，每个人的原有基础、生活际遇和人生追求不同，对美好生活的诠释也不尽相同；另一方面，不同个体综合考量自身条件和价值追求提出的个性化的合理需要，都应该得到尊重和满足。这就对政策制定和制度安排提出了很高的要求。同时，满足人民生活需要不仅仅强调为人民服务，还要调动人民的积极性，要让人民各尽所能，发挥自己的聪明才智，做出应有的贡献。

唯物史观认为，"人们为了能够'创造历史'必须能够生活。但是为了生活，首先就需要吃喝住穿以及其他一些东西"。这就意味人民的美好生活需要不是彼岸世界抽象的、虚幻的东西，而是在社会发展的过程中不断生成的，是具体的、现实的，有与现实生活密切相关的内容。建设美好生活要抓住人民最关心、最直接、最现实的利益问题，在发展中保障和改善民生，显著增强人民的获得感、幸福感、安全感，体验到美好生活所在。十八大以来，党中央回应人民的期待，在精准扶贫、发展教育、改善就业、增加收入、提高全民社会保障、完善社会治理等方面的一大批惠民举措落地实施，人民至上的价值理念落地生根。随着收入、就业、教育、社会保障、医疗卫生等方面的民生建设成效不断彰显，人民群众的生活不断改善，发展进程中愈发注重民主、平等、公平、正义，人民群众有了更多的获得感、安全感、幸福感，美好生活正从理想变成了可以实现的、可以感知的、可以切身体验的生活状态，每个人都愿意生活在其中。人民群众在共建中共享，共享中共建。

**4. 在统筹推进新时代 "五位一体" 总体布局的实践中进行美好生活的社会建构**

人民美好生活的实现并不是某一方面目标的达成，而是全方位、多层次需要的满足。人只有在社会这个共同体中才能生存和发展，美好生活必然要在美好社会中形成，如何构建美好社会从而过上美好生活？可以从唯物史观对社会发展根本规律的揭示中寻找答案。马克思说："人们在自己生活的社会生产中发生一定的、必然的、不以他们的意志为转移的关系，即同他们的物质生产力的一定发展阶段相适合的生产关系。这些生产关系的总和构成社会的经济结构，即有法律的和政治的上层建筑竖立其上并有一定的社会意识形式与之相适应的现实基础。物质生活的生产方式制约着整个社会生活、政治生活和精神生活的过程。不是人们的意识决定人们的存在，相反，是人们的社会存在决定人们的意识。"人类社会是一个包含经济、政治、文化等多方面内容的庞大系统，社会生活既包括物质生活，也包括政治生活、精神生活等。这些不同的生活领域相互影响、相互制约，都是生成美好生活不可缺少的社会条件。马克思指出，"全部社会生活在本质上是实践的"。这意味着必须通过实践的方式，以满足人民的美好生活需要作为价值目标，能动地改造社会生活的方方面面，全面优化人们的生活资源供给条件。党的十八大报告提出了中国特色社会主义事业的总体布局是"五位一体"，这符合历史唯物主义基本原理，目的就是为了促进生产关系与生产力、上层建筑与经济基础相协调，实现社会主义现代化。党的十八大报告从经济建设、政治建设、文化建设、社会建设、生态文明建设五个方面，制定了新时代统筹推进"五位一体"总体布局的战略目标，实现这些目标就是进行美好生活的社会建构，最终推动人的全面发展、社会的全面进步。

在经济方面，物质生产活动及生产方式是人类社会赖以存在和发展的基础，因此人类"第一个历史活动就是……生产物质生活本身"。这种感性的人类劳动是历史唯物主义的逻辑起点。人们只有在生产劳动的基础上获得吃、穿、住、行等物质需要的满足以后，才可能从事诸如法律、宗教、文化、艺术等精神层面的活动。"忧心忡忡的、贫穷的人对最美丽的景色都没有什么感觉。"在社会主义条件下，更要求不断解放和发展生产力，为人民大众的美好幸福生活奠定物质基础。但我国现阶段社会生产相对于人民日益增长的美好生活需要还发展得不平衡、不充分，所以要贯彻新发展理念，建设现代化经济体系，以更高质量、更有效率、更加公平、更可持续的发展，满足人民对物质文明的需要。

在政治方面，马克思在考察人类历史过程中，揭示人类的特性是自由自觉的活动。人对自由自觉的需求是源于人的本质的需求。合法权利得到有效保护是人的自由自觉活动得以实现的重要前提，是人民美好生活的重要内容。"良好的法律和制度不仅不会束缚人，还能解放人，促进人权利的落实。"健全人民当家做主制度体系，使人们在政治、经济、文化、社会等各方面的合法权利得以实现，获得自由全面发展的条件。推行"依法治国"，实施"良法善治"，把"权力关进制度的笼子"，使国家和政府权力运行在正确的轨道上，这些不仅维护了公民的合法权利，也使个体的人格得到尊重。人民的"人格平等"的实现得到保障，是建构美好生活的重要基础。

在文化方面，社会存在决定社会意识，社会意识对社会存在具有反作用。繁荣和文明的社会文化不仅能推动社会的发展，也是人民的基本需要。坚定文化自信，推动社会主义文化繁荣兴盛，满足人民对先进文化的需要，这也是新时代建设美好生活的重要内容。实现人民美好文化生活需要，首先，要培育和践行社会主义核心价值观，把社会主义核心价值观内化到人民的情感认同和行为习惯中去。没有了理想，生活将会无趣，人的生活与动物的生存也就无异。要充分发挥社会主义核心价值观对国民教育、精神文明创建、精神文化产品创作、生产、传播的引领作用。其次，要发挥思想道德对美好生活的引导作用，提高人民的思想觉悟、道德水准和文明素养，提高全社会文明程度。通过道德建设，使人对过度的感性欲望与自利倾向进行调节和控制，从而使需要具有合理性、协调性和适度性，并促进社会成员人性向美向善，社会有序和谐。最后，通过推动文化事业和文化产业发展，提供丰富的精神食粮，满足人民对美好生活在精神文化上的新期待。

在社会方面，人离不开社会，人必须生活在共同体中，"只有在共同体中，个人才能获得全面发展其才能的手段，也就是说，只有在共同体中才可能有个人自由"。良好的人文环境、社会秩序与和谐的社会关系都是美好社会的表征，也是美好生活的生成条件，应加强和创新社会治理，打造共建共治共享的社会治理格局，满足人民对社会文明的需要。在社会治理的过程中，人民得到了充足的社会资源，有了全面发展所需要的物质基础，得到社会认同和社会尊重，就会产生获得感；人民身心愉悦，保持良好的生活状态，道德态度积极，对未来充满信心，就会产生幸福感；人民生活的社会环境秩序井然，社会建立了良好的生存保障机制，人民面对社会风险时能够得到有效的社会支持，则会产生安全感。总之，当人在情感上产生获得感、幸福感和安全感，所向往的美好生活也就成为现实。

在生态方面，马克思的历史唯物主义立场表明，人类历史是从自然界生成和发展而来的，人类史本身就是一部自然史。人是自然界的一部分，人与自然是生命共同体，人类要从自然界获取物质资料并从事生产活动，否则人类根本无法生存。人类的实践活动应该尊重自然，如果仅仅为了求得利润最大化就竭泽而渔，必然会遭到大自然的报复。人民美好生活所需要的物质财富和精神财富只有通过人的劳动创造从自然界中获得，人民美好生活所需要的优质生态产品也只有大自然才能提供。因此，新时代建设生态文明，就是要使人与自然和谐发展，从而"提供更多优质生态产品以满足人民日益增长的优美生态环境需要"。这是建设人民美好生活的客观要求，也是对马克思主义历史唯物主义自然观的整体把握。

### 5. 通过多种方式实现美好生活的 "自我建构"

新时代统筹推进"五位一体"总体布局，就是要在经济、政治、文化、社会、生态文明五个方面为建设人民的美好生活提供社会条件，并通过一系列民生政策来落实美好生活。但这只是美好生活的"社会建构"、外在条件，生活是否真正美好，人们对生活是否真正感到满意和幸福，最终要通过人们的具体生活来体现。为此，应通过各种方式培育引导人们建立美好生活方式，进行美好生活的"自我建构"。

首先，充分发挥实践在美好生活的自我建构中的作用。实践的过程是一个主体和客体双向对象化的过程。在这一过程中，人的本质力量得以展现，人性得以完善，现实世界朝着理想世界生成，人各方面的需要得以满足。幸福美好生活正是在通过实践进行社会建构和自我建构的过程中得到实现的。劳动是最主要的实践方式。"实现我们的奋斗目标，开创我们的美好未来，必须紧紧依靠人民、始终为了人民，必须依靠辛勤劳动、诚实劳动和创造性劳动。"在辛勤劳动、诚实劳动和创造性劳动的过程中，人的劳动积极性得以发挥，人的自由自觉、聪明才智得以展现，人们在生产和享用更丰富、更高端、更安全的劳动产品中获得更美好的幸福生活。美好生活的自我建构过程是一个人性不断健全的过程。健全人性的发展意味人的全面发展。人的潜能的展开，人性中的感性存在和理性存在的和谐统一，知、情、意之间的协调，人的社会认同和自我认同的合理确立，人生目标的合理定位等，都离不开人类的实践活动。实践是认识的基础，也是形成正确生活观的基础。实践丰富人的感觉，形成正确的价值观念，提升人民创造美好生活的能力，完善美好生活的主体。

其次，美好生活的自我建构应抵制消费主义文化的不良影响。人们通过消费一定的物质和文化生活资料，使适度的生存需要、发展需要和享受需要得到满足，才会产生幸福和美好的感觉。消费水平的高低直接影响着人们的生活质量。随着消费水平的提高，人们可以拥有更多更有营养的食品、更大的住房面积、更便捷的通信和出行、更优质的教育和医疗服务等，这也是美好生活发展性的体现。但消费主义文化浪潮下刺激出来的"虚假需要"是人们预先并不知道的而且是无限度的，是被广告和宣传不断刺激和制造出来的欲望。"现行的大多数需要，诸如休息、玩乐、按广告宣传来处世和消费、爱和恨别人之所爱和所恨，都属于虚假的需要这一范畴之列。"这种"虚假的需要"并不是人的真正需要，在满足"虚假的需要"的过程中会带来资源浪费、心理失衡、人际关系扭曲，与人们追求的真正的美好生活背道而驰。为此，应落实新时代所倡导的创新、协调、绿色、开放、共享"五大发展理念"，引导人们抵制消费主义文化的不良影响，从人的本质需要出发，倡导理性、全面、适度的和谐消费文化观，合理地取舍生活，从而摒弃"用'物'的东西挤掉支撑美好生活更有价值的、精神的、情感的和友爱的、需求的物质主义生活观"。

最后，美好生活的自我构建要提升和营造个人的"美好生活能力"。对每一个具体生活的人来说，还需要具有将国家和社会提供的经济文化条件、个人和家庭所能获取的生活资源转化为优质生活的能力，拥有对美好生活的创造力、对美好事物的感受力，这就是"美好生活能力"。个体可以通过以下几个方面提升创造美好生活的能力：通过锻炼保持健康的身体，有一份能充分实现自我价值的工作，有较高的收入为自己的生活打下良好的经济基础，善于经营与朋友、家人的关系等。同时，个体可以从以下几个方面提升感受美好生活的能力：坚定理想信念，把握美好生活的方向，相信新时代中国特色社会主义发展的战略安排，必将使自己享有更加幸福安康的生活；关注身心健康，在保持健康体魄的同时追求精神人格的提升，使身心协调统一；有良好的社会心态，有科学的人生观、价值观，努力实现人生价值，学会感恩，乐观豁达，行善行孝，崇尚德福一致，努力追求人格完善，积极发现生活中的真、善、美。因此，当人们拥有创造美好生活和感受美好生活这两种能力时，必定有更高的生活幸福指数。这种能力不是天生的，可以通过后天习得和接受教化而获得。

总之，"五位一体"总体布局的推进和民生政策的落实，为每个人美好生活的实现提供了社会条件，把这些外在条件转化为个人的美好生活体验，则需要生活者的"自我建构"。我们要认识到人世间的一切美好生活都是要靠辛勤的劳动来创造的，美好生活需要的实现不仅仅是"物"的拥有。因此，要自觉抵制消费主义生活方式的不良影响，从多方面不断提升自身的美好生活能力。我们要在新时代中国特色社会主义的历史进程中，实现美好生活社会建构和生活者自我建构的统一，推进美好生活不断向纵深发展。

（作者为湖北中医药大学马克思主义学院副教授邓先奇，载于《江汉论坛》，2019 年第 7 期）

## 二、落实主体功能区战略，完善空间治理体系

主体功能区是中国创新的一种空间治理方式，是建设美丽中国的一张

蓝图，在空间治理体系中占有非常重要的地位。所谓主体功能区，按照不同地区在全国可持续发展中发挥的作用不同，全国每个县（区）有一个主体功能定位，分别是城市化地区、重要生态功能区、粮食安全保障地、自然与文化遗产保护地。主体功能区作为各地区发展的目标，加上配套政策体系，成为优化国土空间开发保护格局的总体战略和基础制度。2019年8月26日，在中央召开的会议上，习近平总书记再次强调，落实主体功能区战略，完善空间治理，形成优势互补、高质量发展的区域经济布局。

主体功能区是我国工业文明时期探索的一条符合生态文明理念和要求的空间治理方式，是基于深入的理论创新、系统的科学研究、充分理解和适应中国国情的一种空间治理方式。

首先，从历史逻辑来看，主体功能区战略是经得起历史检验的，其中涉及生态产品、资源环境承载能力、开发强度、空间均衡等一系列新理念，完全符合生态文明新理念的要求。2010年由国务院发布的主体功能区规划，在之后实施的"一带一路"倡议、新型城市化战略中，其科学性和合理性都得到了充分的证明。

其次，主体功能区是健全空间治理体系的抓手。主体功能区制度改变了以往无论是城市化地区还是生态脆弱地区、领导干部政绩考核都采用一样的指标体系的做法，明确了生态重点功能区不再考核地区生产总值增长速度和指标；按照主体功能区制度出台了环境容量总量管控的方案，使中国的环境质量管理可以针对每一个地区的功能定位来确定污染物排放的管控指标；对生态功能区实施生态产品通过政府财政专项转移支付，使得生态建设可以获得相应的经济效益；通过对不同功能区进行资源环境承载力监测预警机制的建设，来监测不同地区可持续发展的状态，适时、及时对区域政策进行调整。所有这些重大的生态文明制度改革，显著地提升了我国的空间治理能力。

习近平总书记指出，建设主体功能区是我国经济发展和生态环境保护的大战略，要推动主体功能区战略格局在市县层面达到精准落地。这项重大任务是通过完善和健全中国的国土空间规划体系来实施的。主体功能区把全国划分了 21 个城市化地区，这些区域是未来承载大规模人口和现代产业经济进一步集聚的核心区域。通过中心城市、大都市圈和城市群来承载中国人口的集聚，无疑是我国从富起来到强起来的必然选择。

未来，我国沿海地区的京津冀、长江三角洲和粤港澳大都市连绵区，将成为全国乃至全球优质发展要素的主要空间载体，东北、华中、西北、西南等地区的人口经济将进一步向区域内城市群和都市圈流动，而各地区的都市圈和省域中心城市将成为区域内生产要素的集聚地。中心城市、都市圈、城市群和大都市连绵区将集聚全国 2/3 以上的城市化人口，成为我国全面实现现代化的发力点和引擎。

当前，我国空间治理体系还有待建立健全。在中国的治理能力和治理体系现代化过程中，空间治理体系的现代化是相对滞后也是相对薄弱的。完善空间治理体系要从以下几个方面着手：

（1）坚定不移地走空间治理法制化道路。我们的国土空间是国家最大的公共资源，法律应该成为规范政府、企业和个人进行土地利用、区域经济布局最有力的准绳。

（2）提升空间治理的科学化水平。我们所面临的区域发展问题，其对象、途径、效果都是极其复杂的，是一个开放变化着的巨系统，必须系统制订解决问题的科学方案。为此，要加强理论创新，补空白；要建立人才体系，补短板；要优化数据采集与应用机制，打基础。

（3）各级政府以及决策者要成为学习型的机构和学习型的管理人才，领导干部要成为学习型的管理者，了解中国基本地理国情，掌握区域发展和国土空间开发的基本规律，增强依法执政的自觉性，才能很好地领导和管理我们这片美丽的国土。

（4）逐步开始编制空间规划、制定区域经济布局政策、实施监督评估。只有通过公开透明的民主化与依法依规的行政执行之间的互动，才能够在真正意义上实现优化区域发展格局和建设美丽中国。

（本文根据中国科学院科技战略咨询研究院副院长樊杰在织里"中国治理的世界意义"国际论坛上的发言整理）

## 三、建设美好生活试验区的若干建议

浙江湖州织里，是我的家乡。1968 年，我从这里参军。每次回到家乡，都深切感受到这里发生的翻天覆地的变化，目睹了这个外来人口严重超过本地人口、市场经济高度发达的地方是如何由贫穷落后到全面建成小康社会，如何从问题矛盾重重变为和谐美好，从经济、政治、社会、生态、文化等各方面高速度迈向现代化治理。在这一系列伟大变革中，法治彰显力量，道德鼎力支撑，普通人被激发出最大的主观能动性。自治、法治、德治"三治融合"演绎着生动的实践。

2019 年 10 月，党的十九届四中全会审议通过了《中共中央关于坚持和完善中国特色社会主义制度　推进国家治理体系和治理能力现代化若干重大问题的决定》。作为特邀研究员，我们认真学习全会精神，深入研究习近平总书记的治国理政思想。2019 年初，浙江省委书记车俊同志考察织里的社会治理，提出"建设社会治理先行地"的要求。国家高端智库课题组通过深入调研，提出织里建设"社会治理先行地　美好生活试验区"的建议。通过交流，大家认为，经济高度发达、已率先实现全面小康的织里，为深化治理体系改革、提升治理能力、建设社会治理共同体进行了大量生动的探索和实践，现在到了实践上升为理论、理论指导新的实践的重要机遇期，组建决策咨询服务机构成为时代发展之需、干部群众之盼。大家一致建议并经湖州市党委、市政府研究决定，批准成立南太湖社会治理研究院。

织里人一向有着强大的执行力。大家一边筹建研究院，一边组织全国社会治理领域的专家、学者及当地干部深入调研织里社会治理实践，广泛征求相关部委、单位、专家的意见，着手制定《织里"社会治理先行地美好生活试验区"建设规划》，目前规划基本完成。

与党的十九届四中全会精神的贯彻落实相结合，织里"社会治理先行地美好生活试验区"建设规划主要包括以下内容：

（1）时刻围绕主题开展社会治理。围绕经济更加发展、民主更加健全、科教更加进步、文化更加繁荣、社会更加和谐、人民生活更加殷实的主题主线开展社会治理工作。

（2）明确七大目标要求。七大目标要求包括：社会治理更加科学，城市管理日趋精准；社会保障更加完备，发展动能更可持续；社会服务更加完善，公共福利大幅提升；社会动员更加广泛，民众共识明显提高；社会环境更加文明，"两山"转换成为自觉；社会关系更加和谐，风险防控有效巩固；党的建设更加坚强，有效覆盖深入人心等。

（3）贯彻五大基本原则。五大基本原则包括：坚持党的领导，先行先试；坚持不忘初心，牢记使命；坚持法治引领，依法治理；坚持与时俱进，改革创新；坚持依靠群众，夯实基础。

（4）构建社会治理关键指标体系。该指标体系涉及民生福祉、公平正义、公共服务、资源环境、社会参与、公共安全六个方面，包括33项指标，多方位测度社会治理发展水平。

（5）坚持八个治理路径。八个治理路径包括：切实加强党的领导，着力引领社会治理水平提升；认真贯彻新发展理念，着力为社会治理赋能；始终坚持"防为主、防为上"的工作理念，着力防范化解重大风险；积极推进城乡统筹，着力增强公共服务均等化；全面创新治理体系，着力实现共建共治共享；努力建设"智慧织里"，着力提升治理能力现代化；深入践行"两山"理论，着力促进"美丽织里"建设；自觉弘扬先进文化，着力增强文化传播引导等。

这虽然只是织里镇的发展规划，还有待进一步完善，但我相信，这个规划能够指导这块90平方千米的土地创造新的社会治理传奇，开辟新的发展空间。让我们一起仰望星空，思考人类前途命运的治理大计；一起脚踏大地，剖析社会治理典型案例，共同服务政府决策、服务城市发展，让每一个人都享受安定、有序的社会环境，过上平安、幸福的美好生活。

（本文根据海军原副政委、中将王森泰在织里"中国治理的世界意义"国际论坛上的发言整理）

# 织里实践 >>>

2020 年，我国将全面建成小康社会。治理一个 14 亿人口的全面小康国家，这在党的执政历史上从未有过先例。防范化解大国崛起风险，顺利跨越中等收入陷阱，建设社会主义现代化强国，已到战略谋划的关键期、紧迫期。

美好生活是古今中外人们的共同追求。人民对美好生活的向往，就是我们的奋斗目标，也是推进全面小康后国家治理体系和治理能力现代化的逻辑起点和根本遵循。

在长期的革命、建设、改革过程中，面对发展新阶段、执政新考验、治理新课题，通过试点积累经验复制推广，实现"站起来""富起来"，是我们党宝贵的执政经验。面对"强起来"的历史新方位和时代新使命，审视研判巨变中大国前进方向，建设人民群众美好生活，仍需设立试验区先行先试。

按照经济更加发展、民主更加健全、科教更加进步、文化更加繁荣、社会更加和谐、人民生活更加殷实的衡量标准，位于长江三角洲腹地的浙江省织里具备成为建设"美好生活试验区"的改革基因、实践经验和现实基础。

## 一、打造善治社会，建设美好生活

浙江省委提出"八八战略"后的第二年，2004 年 6 月 2 日，时任浙江省委书记的习近平同志来到织里镇考察并提出一系列指示：对织里的社会治理，他提出"抓经济也不能忽略社会管理""培养千万个吴美丽，要把矛盾化解在基层"；对城市建设，他提出"织里不能按照镇级城市规划"；对产业发展，他提出"民营经济是浙江活力所在，织里童装要走向世界"等。这些指示为织里的经济发展、社会管理指明了方向，拨开了干部、群众心头的迷雾。历届织里镇党委、镇政府按照习近平同志的指示，在上级党委和政府的坚强领导下，一张蓝图绘到底，一任接着一任干，一举改变了织里治理落后的面貌。如今的织里地区生产总值总量已连续多年保持高位增长，城乡居民的人均可支配收入分别达 6.8 万元、4.2 万元，刑事案件发生率较 5 年前下降了 50%；"平安三率"（群众安全感满意率、平安建设群众参与率、电信网络诈骗犯罪防范知识知晓率）走在前列，各类社会矛盾、纠纷调节成功率达到 98.7%；经济迈入高质量发展轨道，人民群众生活富裕，社会运行和谐有序，生态保护有法可依，在浙江省小城市培育试点工作中获评第一名。2020 年，织里被列为全国乡村治理示范点。织里镇已经全面开始了后小康社会的社会治理探索，形成了宝贵的先行先试经验。

坚持党的领导，不断提升人民群众满意度是社会治理的根本。织里人从最初的走南闯北、开设地摊市场打拼到现在，把织里建设成具有 25 平方千米城市建成区和 45 万人口的规模，从根本上来说，织里的发展源自人民群众对美好生活的向往和追求。织里的产业在发展、人口在集聚，各类生产监管、治安防控、矛盾纠纷也是逐年增多，如何能够"一碗水端平"，出发点和落脚点必须放在让人民满意上。2000 年以前，织里镇的社会治理还是单纯的以社会治安为主，处于被动管理阶段。2004 年，织里镇的流动人口登记数量由 2003 年的 4.9 万余人猛增至 14.2 万余人，首次超过本地户籍人口登记数量。自 2004 年起，织里镇的社会治理压力陡然上升，社会管理能力明显不足，被戏称为"小马拉大车""大人穿童鞋"。为此，多年来湖州市吴兴区多个行政部门先后在织里设立分局，下沉人员直接服务新、老居民。这些年通过公安分局警力下沉、开展新居民管理登记服务、设立县区权限的综合行政服务中心、6 个街道办事处和 17 个社区不断扩充管理服务人员等一系列综合措施，织里镇新居民暴增带来的管理不畅问题逐步得到缓解，面对面的管理服务使新、老居民的融合度、归属感、满意度正在逐年攀升。

坚持深化改革，不断创新管理模式是社会治理的关键。织里镇以童装产业为主体，从20世纪80年代的"一根扁担闯天下"到目前的工商注册经济体达4.2万余个。产业蓬勃发展的同时，2006年发生的两场大火事故给织里镇敲响了警钟，必须将社会治理创新作为工作重中之重，才能确保安全发展。多年来，织里通过持续不断建立专业童装市场和童装产业园区，逐步推动"产业进园区、交易进街区、生活进社区"。"中国童装城"和"中国童装产业园"就是社会治理创新的闪亮名片。同时，围绕"生产生活分离、根治火灾隐患、确保社会稳定"的目标，依法对镇上的生产、仓储和住宿"三合一"生产经营单位进行全面整改，全面配备专职安全监管员队伍，管理队伍人数从最初的10多人发展到现在分工明确的300多人，从而为织里镇的整个产业发展提供了最有利的管理抓手。云村社区"楼道长"、四个平台建设创新、全科网格管理创新、城市精细化管理创新等一系列社会治理的举措不断彰显其创新活力。

化解社会矛盾，不断强化平安创建是社会治理的抓手。平安创建是织里镇认真贯彻十八大、十九大精神，始终坚持的基本方针，"平安织里"建设一直贯穿织里经济社会发展的方方面面。这些年，织里镇将新老居民的和谐共处作为社会治理的重要抓手，通过新居民和谐促进会、"织里·知礼"全民宣传、"五星知礼人"评选等多种举措不断拉升社会治理的新老居民和谐度。同时，更加注重矛盾纠纷的就地化解，这些年先后建立起了"一个多元矛盾纠纷调委会＋2个调解中心＋6个二级街道调委会＋51个村居调委会＋社会组织参与"的多层次调解组织网络，使大量社会发展中的矛盾和纠纷萌芽在基层和乡村层面得到处理和化解。其中"吴美丽工作室"就是织里镇调解矛盾成功率较高的一个典范。同时，公安部门9个派驻分局实体化下沉极大加强了政府共同创平安的能力，联勤联动执法不断成熟，"1＋4＋4＋$N$"的交通管理效果展现。这些年，异地商协会、"平安大姐"工作室、平安公益联盟等社会组织不断参与进来，全社会齐心协力创平安的氛围正在不断展现。

不断发展智慧管理是社会治理的目标。2014年，"智慧织里"开始建设，经过这些年的不断发展，通过科技手段不断强化社会治理的水平。不断建设监控平台，目前已经有超过 2 800 路的监控线路，实现网上巡逻、探头站岗，实时记录；开放"智慧安监"管理系统，实现工厂企业、居住出租房等存在隐患的场所内的安全监管行为可数字化、智能化和清单化；智慧门禁、车辆识别等信息化手段不断完善，真正做到了把人管起来、把风险关起来。同时，消防大队和安监部门研发的"智慧用水、智慧用电"等智慧系统对社会管理起到了至关重要的作用。通过多年的建设，织里镇在湖州市率先完成视频监控全年建设任务，视频监控密度居全市第一，重点行业场所视频联网率居全市第二，破案利用率达 50％以上。织里今后发展的目标就是将"智慧织里"融入到社会治理的方方面面，实现人与科技共同推进建设"平安织里、幸福织里"的宏伟蓝图。

## 二、共绘美好生活"同心圆"

织里镇在坚持依法治理的同时，广泛调动人民群众的自治积极性，规范引导社会组织参与社会治理，尊重基层在社会治理中探索出的土办法、新办法和管用的办法，建立多元参与的矛盾调处机制，极大化解了社会矛盾；加强村社自治功能，大力发展志愿者队伍，引导企业发挥力量等，号召人人参与、层层参与、每个组织都参与，共绘美好生活"同心圆"，建成社会治理共同体。

### 1. "吴美丽工作室"： 人民调解为人民， 化解矛盾促稳定

2002 年的时候，织里的童装产业还不是很规范，家庭作坊式的经营导致劳资纠纷比较多，很多外来务工者拿不到工资，产生了很多社会问题。看到这种情况后，织里镇政府组织成立了织里镇矛盾纠纷调处中心，这也是当时整个浙江省的首个矛盾纠纷调解中心。这个调解中心的工作是组织司法、劳务工作办公室、法律事务所、公安、工会几个部门一起来调解劳资纠纷。

大调解中心成立后，在下面调解两次还不成功的矛盾纠纷会转到这个

中心调解，大约 98％的矛盾纠纷都会得到成功解决，因此社会反响很好，化解了矛盾的务工者纷纷给调解中心送锦旗、放鞭炮。调解中心获得了很好的口碑，为织里镇的矛盾化解、社会秩序维护发挥了重要作用。

吴美丽是原吴兴区织里镇司法所所长，也是当地有名的"金牌调解员"。虽然她在 2012 年已经退休，但总还是会有许多矛盾纠纷的当事人找她寻求帮助，同事和群众都亲切地叫她"吴阿姨"。"工作中虽然遇到很多困难，但每每想起总书记的嘱托，看到矛盾解决后当事人的笑容，也就觉得很值得去做。"吴美丽说，"民营经济有矛盾，我们要多做调解、引导、缓解工作，而不是把矛盾升级，要把矛盾解决在基层。"十多年来，这句话不仅成了吴美丽的工作原则，也成了吴兴区和织里镇一以贯之的基层治理指导思想。

2009 年，织里镇第一家"吴美丽工作室"成立，之后又分别成立了织南、织北、织东调解中心和多个二级办事处调委会、村居调委会，后来织里镇又探索实施了联调律师、治安调解、劳动保障、信访综治加上各类社会调解力量的"4＋$N$"警调对接机制，形成了多元参与、依法调解的新模式。

经过多年的努力，织里镇已构建了"多元矛盾纠纷调委会＋调解中心＋二级办事处调委会＋村居调委会＋社会组织"的多层次矛盾纠纷调解组织网络，实现了"小事不出村，大事不出镇"。

### 2. "平安大姐"：社会共同体中的中坚力量

"平安大姐"工作室成立于 2015 年 12 月 24 日，22 名创业女性来自全国 9 个省份 14 个地区，是"平安大姐"志愿团的骨干成员。成立一年多来，"平安大姐"参与调解纠纷 700 多起，化解率达 95％，满意率达 100％。"平安大姐"志愿团在织里镇织南调解中心设立了值班室，每天由 2 名大姐轮流值班，和调解中心工作人员一起调解新居民的矛盾纠纷，使很多矛盾纠纷迎刃而解。"平安大姐"在实际工作中践行了诺言：争当服务中心工作的示范者、妇女创业道路上的领头雁、矛盾调解工作的"老娘舅"、公益事业的排头兵、诚信经营的宣传员。

十几年前，辽宁鞍山的徐维丽举家迁至织里，开办童装厂，安家落户。在事业方面，她白手起家、艰苦创业，还身体力行地传授经验给后来者，带领一群姐妹共同致富。

2015 年 12 月，徐维丽在家人的支持下牵头，与来自全国 9 个省份和香港特别行政区等的 18 名姐妹组建了吴兴区唯一全部由新居民组成的社会公益组织——"平安大姐"社会工作室，为居民调解生活上和工作中的种种矛盾，同时，还组织了一些给困难人群捐款捐物、助学养老等公益活动。

工作室曾经调解过这样一起个体间的矛盾纠纷：有一位东北大姐于 2015 年来到织里做生意，遇到了诸多困难，尤其是她租房的时候花费了高昂的装修费，房东却拒绝续租，东北大姐一怒之下曾扬言要放火和房东同归于尽。"平安大姐"徐维丽听说后及时劝解开当事人的极端情绪，帮她另外找到了住所，并劝前房东拿出了一些装修补偿款。现在那位大姐生意做得很好，有时想起前事，会感慨地说："幸亏当初有你帮我调解，不然我就犯大错了！"

工作室的调解案例可不仅限于个体间的矛盾。在 2017 年底的时候，"平安大姐"又站出来调解了一桩涉及三四十人的纠纷。当时，涉事厂主因做生意亏损跑路了，欠下工人 30 多万元的工资。有工人一时想不开要寻短见，场面一度混乱。

"现在最大的问题是要找到老板，大家都来想办法。""平安大姐"一边这样劝导着激动的工人们，一边着手联系厂主。后来通过做通厂主母亲的工作，联系上了厂主。然而，厂主家卖设备、卖车筹钱，却还是筹不够所欠的工资额。工人们坐在地上哭，有的工人甚至对徐维丽等人的行为提出质疑："你们不用说什么大道理！有钱就把钱拿出来！你们还说是做公益，我看就是要名声，你们开厂子有的是钱！你把钱先垫上！"

"平安大姐"没有灰心，也没有失去耐心，继续耐心调解。"我们既然做公益，就要承担责任，厂主能拿出来足够的钱更好，拿不出来，我们承担！"徐维丽的话语掷地有声。就这样经过 18 个小时连续作战，从头一天到第二天凌晨，筹钱、安抚情绪、做思想工作……终于把先筹到的部分钱款发给了工人们。而"平安大姐"中有的已经累得病倒了。

"通过自身的能力帮助到别人，我们也很满足。也就是聊聊天，可能聊得时间长一点儿，话说得多一点儿，也没做什么，就把事情化解了。"徐维丽谦虚地描述"平安大姐"所做的一切。

为了更好地做公益，她们众筹了一个公司，叫做"湖州安姐实业有限公司"，将公司获得的收益投入到公益事业中去。

"平安大姐"团队里的成员每人都穿着红色的套装并佩戴一枚刻有"中国织里，真诚博爱，感恩奉献"字样的徽章。"既然成立了组织，就想着要规范一些，成立的时候就做好了工服、徽章。红色代表热情似火。一年四季我们的服装不同，但颜色都选用了红色。"徐维丽介绍了工服的意义。

"平安大姐"这个公益组织如同织里镇这个大家庭中的"大姐"。或许"她"能力有限，不可能立即消除每一个人当下的困境，但是"她"会在第一时间设身处地地为对方着想，从每一个遇到困难的人的角度去思考问题，尽力让事情得到最圆满的解决。有了"大姐"的守护，小镇的每一朵花、每一片叶，都有了爱的温度。

### 3. "四色民情档案"：基层党组织建设引领社会治理

晓河村是织里镇的富裕村。但在十多年前，晓河村还是一个集体经济基本为零的后进村。在晓河村由贫变富的过程中，村书记蔡顺山起到了重要作用。

2009年，经营童装企业多年的蔡顺山"临危受命"，来到晓河村担任村党支部书记。一手抓基层党组织建设，一手抓晓河村的发展。在他的带领下，晓河村发生了翻天覆地的变化。如今，晓河村村集体资产达到1.1亿元，集体经济产值达到450万元，村民人均年收入从不到1万元增长到4.5万元。

这番变化是如何实现的？蔡顺山答道："要让村子富起来，就得先清楚地了解村民们的具体情况，哪家是需要重点关注的对象，哪家正遇到需要解决的难题，这样才能切实地给他们提供帮助，真正实现共同富裕。"为了实现这一点，晓河村的"四色民情档案"应运而生。

"只需稍稍翻阅档案，全村456户村民的详细信息便可尽收眼底。"在晓河村的民情档案室里，蔡顺山正翻阅着一桌颜色不一的民情档案。"我们将全村村民的档案按照人员类别分成四色，蓝色档案是普通群众和党员，绿色是能人，黄色是低保、困难群众和党员，红色是重点户。我们将根据不同颜色增加上门访问频次。"工作中，由村党支部和村民委员会成员带班，带领以党员骨干为主的服务团队，认领网格，为不同群体提供有针对性的服务。

"有了知民情的基础，我们就能切实解民忧。"蔡顺山指着黄色民情档案中的一页说道，"村民金建荣属于先天重度残疾，生活无法自理，全靠年迈的母亲照顾。像这样的困难户便是我们的重点关注对象。我们每个月都会上门走访，时刻关注他们的生活。"

蔡顺山和村里的党员干部如往常一样来到金建荣家中。"建荣身体怎么样，家里有什么困难？有难处就跟我说，大家一起想办法帮你们解决！"一进门，蔡顺山就对金建荣的母亲嘘寒问暖。随行的老党员王荣法把油、米等慰问品交到她的手里后，立马带着大伙打扫卫生，帮金建荣一家把家里上下都收拾得干干净净。

据悉，当前晓河村共有档案信息本456本。晓河村全面推行"支部建在网格上"，将3 500名新老晓河村民划分为10个网格，每个网格组建一个党支部，配备一定数量的党员，在网格中配力量、搭平台、强服务，将党和政府心系群众、服务群众的触角延伸至整个社会肌体的"神经末梢"。

此外，"零距离服务"也在晓河村得到生动体现。日前，村民朱煜丽拿着领款通知单来到村民委员会一楼的党群服务中心。正在大厅办公的蔡顺山只花了3分钟就帮朱大姐办完了所有手续，朱煜丽顺利领到拆迁款支票。晓河村通过集中办公和干部上门服务模式，实现干群"面对面"沟通、"零距离"服务，切切实实让群众办事"最多跑一次"。

实现新时代乡村振兴，关键在基层党组织建设引领。只有以提升组织力为重点，打造基层党组织建设引领乡村振兴的动力引擎，才能确保乡村振兴战略真正在农村落地生根，把乡村振兴的美丽蓝图变成新时代农村改革发展的现实图景。晓河村的发展历程，正是基层党组织建设引领基层治理的最生动实践。

### 4. 东盛模式：共同体治理好社区

从一个几百人的小村庄到拥有 3.5 万人口的城市化社区，从乱象丛生的"脏乱差"社区到开创城市社区治理样板。织里镇东盛社区的"社区蓝本"发挥着至关重要作用。2002 年，织里镇开启了社区管理模式的探索，东盛社区应运而生。规模扩大的同时，流摊管理、违建管控、市政设施等一些"看得见、管不着"的问题也逐渐显现。对此，东盛社区率先推行"四个平台社区化"的基层社会治理体制改革，以社区作为基层治理单位，将行政执法、安全监管、市场监管、交通管理、市政维护、环境卫生 6 个方面的职能权限全部下放，同步下沉工作力量，实现扁平化管理，通过"微循环工作法"实现管理职能与全科网格的无缝对接，真正将服务深入到一线，将矛盾化解到一线，做到"化解小事不出网格，解决大事不出社区"。

### 5. "老兵驿站"：纾解社会情绪凝聚向上力量

2018 年 8 月，织里全镇 1 916 名退伍军人自发成立了"老兵驿站"，作为辅助力量和政府联动，共同参与社会治理。

"我是一个有 20 年军龄的老兵。我感到有必要和退伍的战友们谈谈心，帮助他们。刚开始我一个人在做，后来很多老兵看到了就说'咱们一起做'，就这样慢慢发展起来了。"老兵驿站的主要发起人陈建如说。

起初，"老兵驿站"只是从事简单的便民服务。比如，有的退伍军人开过修理店，就上门为群众修理电瓶车、上牌照等。如今，"老兵驿站"已有 4 个常态化实体平台——"老兵警长"陈建如慈善基金会、"老兵"法律援助中心、"老兵"创业就业工厂以及"老兵夜茶馆"，为战友、群众提供了多元的服务平台。

不止于此，"老兵驿站"还积极跟随时代发展而调整服务内容。比如，现在电信诈骗高发，为防止群众受骗，老兵们积极向群众宣传："如果你接到电话准备汇款时，给我们打个电话，我们帮助你判断是不是诈骗。"

"真心实意为群众办实事，力所能及为群众做好事，想方设法为群众解难事。希望能充分发挥我们的作用，更好地服务群众。"陈建如说。

### 6. "王金法广播"：传播党的声音

织里镇有一位知名度很高的"广播员"叫王金法，他曾做过乡农技员、乡党委副书记、乡长。王金法能被当地百姓牢记在心，就因为他坚持了 40 年的义务广播宣讲，已成为织里人生活的一部分，如同柴米油盐般不可或缺。

每天上午 7 时、下午 4 时和晚上 7 时，织里镇 46 个行政村里的近千个广播喇叭中都会准时传来王金法熟悉的声音，内容包罗万象，从田间地头施肥种菜的农村小事到中央全会等天下大事。他的广播喜欢用织里方言来讲事。"因为方言听上去更亲切，而且农村不少老年听众听不懂普通话。"他每天必做 3 件功课：看报看新闻联播，参加镇里的会议，到基层了解情况。50 多年来，全镇 499 个自然村他每个都跑过 3 次以上。王金法的广播始终牢牢把握村民们的思想脉搏，随时解决大家心中的困惑。

随着社会治理的深入，"王金法广播"开到了车间。2012 年，织里镇开办了针对广大外来新居民的普通话广播节目"车间好声音"。该广播节目包括《织里城市·播报多看点》《今天知礼秀》《好歌送给你》《车间文化礼堂》《邀你说织里》《知礼·青年说》等栏目，还会邀请员工和企业主做节目，每天分 3 个时段播出。

### 7. "车间好声音"：塑造良好社会心态

90 后青年孙涛和何捷以搭档合作的方式制作相关广播节目"车间好声音"，在网易云音乐、蜻蜓 FM 等网络新媒体平台上开通了网络电台，传递到织里镇的各个童装企业车间，与青年工人们互动交流，引导社会思潮。他们充满青春律动的广播赢得了童装企业员工们的共鸣。"车间好声音"拉近了童装企业主和员工之间的距离，让新老织里人的关系也更加融洽。

### 8. "防范之星"： 助推社会防护体系建设

自 2016 年以来，湖州市公安局为激励全体民警、辅警积极投身防范工作，助推社会治安防控体系建设，在"防为主、防为上"的工作理念指引下，大力开展"防范之星"宣传推选活动。3 年中，湖州广大民警、辅警认真履职、主动作为，自觉把工作基点放在排查风险、消除隐患、补齐短板上，对各种风险预测在前、排除在前。通过不懈努力，"防范之星"的品牌效应日益显现，得到了湖州市政府的高度肯定、人民群众的支持拥护和公安民警的充分认同。自 2016 年 7 月 26 日评选第一批"防范之星"以来，截至 2019 年，湖州市共消除易引起群死群伤重大隐患 10 余处、交通安全隐患 250 余处、消防安全隐患 200 余处、网络安全隐患 30 余处，共推选"防范之星"38 批 1 062 人次。

### 9. "2250000 防诈热线"： 防诈热线构造无形平安网

"2250000 防诈热线"使公安防范关口前移，企业、群众遇到任何疑似虚假信息和诈骗方面的问题，在日常生活中接到任何可疑电话、短信、网址、链接、二维码等信息，均可拨打热线进行咨询和举报，真正实现了"防为主、防为上"。相比 110 报警平台，"2250000 防诈热线"还设立最高限额 2 000 万元的防诈保险，喊响"你汇款我把关、你受骗我赔偿"的口号，真正实现了从事后"止损"向事前"防损"的转变。

### 10. 消防体验馆： 动员全社会防灾减灾

2017 年 7 月 13 日正式揭牌并对外开放的织里镇消防教育体验馆，是目前全国最大的乡镇级消防安全体验馆。该体验馆以接待个人或者团体参观为主，配备了专业的讲解员和体验指导员，设置了参与性强、趣味性浓的各类互动体验，解决了传统宣教枯燥、手段单一、针对性不够强的突出问题。除周日外，全年约有 317 天的开放时间，截至 2019 年，受众已达 5 万人次左右。近年来，织里镇消防安全形势稳中向好，火灾起数持续下降。

### 11. 商协会： 架起企业和政府之间沟通的桥梁

自 2005 年 9 月 28 日第一家商会在织里镇成立以来，织里镇的各类社会组织发展较快，并在民间调解、社会公益等基层社会治理体系建设中发挥了重要作用。目前织里镇共有商协会 14 家，会员 3 200 余名，来自 23 个省、自治区、直辖市。

织里镇各商协会搭建了政府与企业、社会沟通的桥梁。秉承"协同建设，服务共赢"理念，各商协会承担维护业界利益、优化服务质量、参与社会事业等职责，为织里镇社会治理的改善做出了贡献。各商协会积极组织交流活动，向政府建言献策；引导品牌建设，推动童装企业转型升级，助力企业创新发展；调处化解矛盾纠纷，将行业隐患消除在萌芽状态；组织国内外考察，交流学习同行先进经验；多方面参与基层社会治理和社会公益事业。

在织里镇党委、政府的引领下，各商协会努力成为威信高、功能全、作用显的社会组织单元，为织里镇基层社会治理共同体建设做出更大贡献。

### 12. "金牌店小二"： 优化发展环境

织里镇始终把建设人民满意的服务型政府作为重中之重，全体党员干部从管理者向服务者转型，形成了人人争当"金牌店小二"的浓厚氛围。截至 2019 年，织里镇行政服务中心承接下放事权 531 项，全部实现"最多跑一次"，其中 90％实现"跑零次"。2016—2018 年，织里镇共投入 30 亿元用于医院、学校、文体中心及公园等城市配套项目建设，其中新增、扩建学校 10 所。织里镇目前的 2 万在校生中，有超过 60％的学生为新居民子女。

### 13. "织里·知礼"： 春风化人

2016 年 2 月，"织里·知礼"文化品牌应运而生。"织里·知礼"通过海选，让群众身边的榜样站在"镁光灯"下，把"知礼好人"的生动样本春风化雨般传播开来。2016—2018年，共评选出各类"好人"1 390名，其中75%以上为新居民，募集首笔"好人基金"50万元，命名"好人商户"100家，在全社会营造"尊崇好人、学习好人、礼遇好人、争当好人"的浓厚氛围，为好人添底气、为社会添正气。

### 14. "织里城事"：搭建心桥

用好新媒体，讲好织里故事。自2013年起，5年来，织里镇先后投入1.2亿元用于各类新媒体平台的建设。2013年，"车间好声音"广播节目开播；2014年，"中国童装之都——织里"政务微博启用；2015年，"织里城事"官方微信启用；2016年，"织里·知礼"宣讲团成立；2017年，"古韵新声"文艺宣讲开演；2018年，"爱在织里"官方抖音号上线。目前，各新媒体平台粉丝已突破100万人，在公众和政府之间架起了一座无形的沟通桥梁。

### 15. 平安公益联盟：守护平安

织里平安公益联盟于2015年12月创建，现有平安志愿分队15支，核心队员800余人，参与力量2 000余人。织里平安公益联盟秉承"服务、奉献"的联盟精神，以平安服务为主要内容，凝聚成一股强大的正能量，积极投身社区治安巡逻、交通秩序维护、消防隐患排查、民事纠纷调处化解、安全防范常识宣传等各类平台公益活动。

### 16. 志愿服务：最美风景线

"冯志强志愿服务队"成立于2013年，是织里镇721支志愿服务队伍中很具代表性的一支。在新织里人冯志强的感染和带动下，队员从最初的五六个人，发展到百余人。他们积极参与无偿献血、社会慰问、平安创建、爱心助学等公益活动，与"爱心妈妈""彩虹计划"等众多志愿者组织一起构成织里镇经济社会事业发展的靓丽风景。

## 三、防范社会风险，建设平安织里

为解决人员力量匮乏、管理基础薄弱、处置反应滞后等问题，织里开始在公安体制上进行大刀阔斧的改革。2012 年初，织里公安分局成立。2015 年，织里公安分局又以"防为主、防为上"方针为指引，进一步推进织里公安职能调整警力下沉，尽最大可能增加一线警力。同时，按照"守底线、防风险、织密网、强打击、妥处置"的工作思路，着力打造以"六张网"为基础、"六个精确"为核心的立体化治安防控体系升级版的"风险防控样板"。

### 1. 平安岗哨建一线

2015 年以来，为切实扭转分局救火救急、被动应付的现状，织里公安分局在深入调研的基础上，从体制、机制角度大手笔对织里公安实施警务改革，尽最大可能增加一线警力，派出所民警警力占比由原来的 45％提高到 76.7％。随着一线警力的增加，织里的社区民警也实现了专职化。在明确了社区民警行业场所管理、消防安全监管、矛盾纠纷调处等工作职责的基础上，创新"一格多警、六员五联"警务网格工作机制，大力推动基层社会治理，由公安政法"唱戏"，向各部门"齐抓共管"转变。

与此同时，织里公安政法部门还紧紧抓住每年夏季和春季两个童装生产淡季新居民集体返家休整的时机，连续 5 年、每年两次不间断组建由分局局领导带班的走访工作组开展异地走访。5 年来，织里公安分局共派出走访组 32 批 192 人次，走访安徽、湖北等 5 个省份的 19 县（区）67 个乡（镇）153 个行政村的近 4 000 名群众，发现化解社会矛盾。分局还通过试行"外警协管外口"工作机制，将外地民警请进来，做好本乡新居民的相关工作。

### 2. 群防群治护平安

在打造立体化治安防控体系升级版中，织里公安分局始终坚持"防为主、防为上"的工作方针，充分调动辖区内的广大人民群众、社会组织参与社会治安防控的积极性，推进群防群治工作，促进完善党委领导、政府负责、社会协同、公众参与、法治保障的社会治理体制，打造共建共治共享社会治理格局。分局深入开展安全防范大宣传、遵规守法大教育、平安共建大动员"三大"活动以及"家园卫士"提升工程，将在织里的商协会、异地党支部、医生、律师、"楼长"、监管员等力量吸纳进"家园卫士＋"卫队，并结合各卫队成员职业特点建立人岗相应的"家园卫士＋"项目，全方位开展信息收集、矛盾纠纷化解、隐患排查整治等"家园＋"活动。通过"织里城事"、大织里 App 等媒体平台进行宣传和举办现场活动等方式进行宣讲，不断提升广大人民群众的守法意识、增强广大人民群众的防范技能。

为充分调动广大新居民参与维护社会治安的积极性，最大限度发掘"民智、民力"，广泛招募平安志愿者和合作伙伴，分局发起成立了以新居民为主体的织里平安公益联盟，将这些愿意为平安、为公益贡献力量的个人、组织和团队组织起来，凝聚成一股强大的正能量共同参与到"平安织里"建设中来。

### 3. 平安基石智慧筑

建设"智慧社区"，通过移动端 App 等就可以实现流动人口自主申报登记、房屋租赁信息发布等功能。近年来，分局还建设了"云上公安、智能防控"等信息化建设，实施数据治理、建设智慧公安，形成了"织里老蔡驿站"等一批社会治理公益组织的公众号。现在，"织里老蔡驿站"已拥有了 12.1 万余粉丝，是当地的"网红"，也成了新、老织里人信赖的平安信息平台之一。

## 四、探索建立美好生活治理体系

45 万织里人，正牢记习近平总书记指示要求，在上级党委、政府战略谋划和推动下，着眼全面建成小康社会后的社会治理，着眼建设人民美好生活的奋斗目标，着眼推进基层社会治理体系和治理能力现代化，担负起建设"社会治理先行地美好生活试验区"先行先试的新的历史使命。

**1. 编制试验区建设规划**

《织里"社会治理先行地美好生活试验区"建设规划》汇聚国内外近70名专家共同研究、起草、修改，是目前国内少有的镇一级社会治理指导性、规范性建设方案。该试验区建设规划全面落实党中央和浙江省湖州市吴兴区的政策要求，前瞻性研究了"十四五"时期和全面建成小康社会后织里的社会治理指导原则、基本目标、建设指标和发展措施。自此，织里的社会治理建设、美好生活建设有规可依，纳入法治化、规范化和科学化发展轨道。

（1）编制原则。

——坚持党的领导，先行先试。在党中央和浙江省湖州市吴兴党委领导下，围绕建设人民美好生活，全面加强社会治理工作，力争经过5年左右的先行先试，探索出一套具有时代特征、中国特色、浙江特点、织里特性的基层社会治理经验，推进社会治理体系和治理能力现代化，开拓社会治理新境界。

——坚持不忘初心，牢记使命。坚持以人民为中心，满足人民对美好生活的向往。牢固树立全心全意为人民服务的宗旨意识，坚持把服务人民、维护群众利益作为社会治理建设工作的出发点和落脚点。

——坚持法治引领，依法治理。按照全面推进依法治国总要求，树立法治思维、法治意识，坚持依法治国、依法执政、依法行政共同推进，法治国家、法治政府、法治社会一体建设，依法治理社会，规范社会治理行为。

——坚持与时俱进、改革创新。密切联系实际，积极适应新时期新常态，以改革创新作为推进社会治理建设的不竭动力，勇于探索实践，勤于总结提高，将开拓创新成果和成熟经验上升为制度，不断提高社会治理科学化、现代化水平。

——坚持依靠群众、夯实基础。把打牢群众基础作为加强社会治理的重点，夯实基层基础，扩大基层民主，问政于民、问计于民、问需于民，充分调动人民群众参与社会治理的积极性、主动性和创造性。

（2）编制目标。通过编制《织里"社会治理先行地美好生活试验区"建设规划》，推动织里社会治理工作提高站位、拉高标杆，巩固扩大社会治理成果，完善多元治理体系，提升现代化治理能力，探索全面小康社会治理模式，为建设人民美好生活积累经验。

**美好生活建设指标**

城乡居民人均可支配收入

平均受教育年限

平均预期寿命

居民人均养老床位数

民生项目支出占财政支出比例

居民幸福感

城乡居民收入比

基尼系数

社区律师覆盖率

居民公平感

政府购买服务占比

公共服务满意度

"大好高"企业引进量

住房支出占人均支出比例

社保覆盖率

空气优良天数

城乡污水处理率

垃圾分类处理率

城区建成绿地率

（续）

| |
|---|
| 万元国内或地区生产总值用水量 |
| 单位国内或地区生产总值二氧化碳排放下降幅度（%） |
| 地表水达到或好于Ⅲ类水体比例（%） |
| 志愿者数量占比 |
| 万人拥有社会组织数量 |
| 居民参与选举率 |

### 2. 积极打造长三角区域支点城市

织里依托"中国童装之都"的产业基础，推进服装、电子等优势产业融入长江三角洲区域一体化发展规划，提升产业集群的数量、规模、质量；积极打造东连上海自贸区、西接中部崛起区、南连杭嘉城市群、北达苏锡都市圈的长江三角洲区域支点城市；依托浙江新一轮改革开放和外贸政策，织里正融入"一带一路"的世界舞台。

### 3. 建设 "2.0版" 的社会矛盾纠纷调处化解中心

织里社会治理经验凝练为一句话就是："一站式化解矛盾、绣花般治理城市。"这是对新时期"枫桥经验"的阐释和发展。党的十九届四中全会后，织里根据浙江省委、省政府要求，在社会治理体系建设中，适应新形势、新情况和社会矛盾变化新趋势，完善、优化原有社会矛盾纠纷调处化解机构，在全国率先建成社会治理主体功能区，这是基层治理体系的创新性举措，也是原有社会矛盾纠纷调处化解中心的"2.0"升级版，由"1＋2＋6＋53＋168"体系构成。这项建设有利于落实习近平总书记和党中央对基层社会治理的新要求，是落实"建设社会治理先行地　美好生活试验区"的创新举措。

"1"是矛盾纠纷调处化解中心。调处中心兼具矛盾调处、代表委员履职、法庭、仲裁、社会治理智库以及风险防范等职能。中心内设两庭、四室、六调委、八中心（两庭：法庭、劳动仲裁庭；四室："平安大姐"工作室、吴美丽工作室、心理咨询室、商会工作室；六调委：新居民调委会、消费维权调委会、婚姻家庭调委会、劳资纠纷调委会、金融纠纷调委会、交通事故调委会；八中心：来访接待中心、公共法律服务中心、诉讼服务中心、综合指挥中心、警调中心、访调中心、仲调中心、诉调中心。

中心内除吴美丽工作室、"平安大姐"工作室、老兵驿站、商协会等矛盾调解组织外，法治体系内的机构也在这里集中解决矛盾。

法庭。吴兴区人民法院织里人民法庭入驻中心后，实现"四个首家"：全省首家诉讼服务分中心成建制入驻矛盾调解中心集中办公；全省首个在矛盾调解中心实现"立、审、执"一体化运行；全省首个涉童装产业案件的专业审判法庭；全省首家创新实施"O2O"模式解决矛盾的审判法庭。

代表委员之家。织里镇党委按照"有办公场地、有标牌设备、有工作制度、有计划安排、有履职记录"的"五个有"标准规范化建设"代表委员之家"，分别设置党代表、人大代表和政协委员履职接待区、联谊交流区、文化展示区和休闲阅读区。代表委员履职有了"稳定的家"。在此基础上，注重提升"代表委员之家"管理水平，一方面完善代表委员履职尽责的具体规章制度，大力推行代表委员"挂牌坐班亮身份"，把代表的履职活动纳入公众视野。另一方面，以政府购买公共服务的方式，引入第三方社会组织开展运营管理，制定"天天接待、月月惠民、季季帮扶、半年联盟、年度参访"等一系列代表委员履职计划，开启代表委员直接联系群众、化解社会矛盾、参与社会治理的工作新模式。

为更好地走进群众、融入群众、服务群众，代表委员充分发挥自身专业才能、岗位优势和社会资源，广泛吸纳社会力量充实基层治理体系，组建"织里之治"党建联盟，定期在"代表委员之家"开展新居民扶贫结对、农村健康义诊、"小候鸟公益夏令营"等活动，形成党建引领、多元参与、共建共治的织里之治新格局。

卫士之家。推行行政管理体制改革，聚焦基层治理，着力民生福祉，推动改革创新，积极主导扩大社会治理力量，形成多元化社会治理共同体。

在织里镇党委政府的主导下，织里公安分局牵头联合镇政府部门、在织商会、异地党支部、平安公益联盟、社区村干部、社会自治组织等组建"家园卫士"卫队，发展卫士 3 000 余名，形成社会治理共建共治共享的良好氛围。

"2"是设立织南、织北两个调处分中心。

"6"是在 6 个办事处设立社会矛盾调处工作站。

"53"是在 19 个社区 34 个行政村设立社会矛盾调处工作室。

"168"是在 168 个全科网格内，发现和识别风险。一般矛盾纠纷问题在网格、村、社区直接解决，村、社区解决不了的由办事处和南北两分中心解决，办事处和南北两分中心解决不了的进中心解决，必要时法庭、律师参与调解，调解不成可通过司法诉讼解决。

群众有难处和矛盾后，可通过网格上报、群众来访、举报、来电等多种方式反映，确保有地方"讨个说法"，第一时间把问题解决在基层，化解在萌芽状态。凡是矛盾调解中心处理不了的问题，由中心将矛盾转交相关政府职能部门，并限期督办，结果报送中心，中心反馈群众，确保矛盾纠纷问题不上交，老百姓少跑腿，反映问题"最多跑一地"，化解矛盾"最多跑一站"。

### 4. 为基层社会治理提供智力支撑

为加强基层社会治理的前瞻性、理论性和科学性研究，织里成立南太湖社会治理研究院。由中外知名专家、学者组成，以基层社会治理研究为主攻方向。研究院聚焦长三角地区尤其是南太湖地区基层社会治理问题，建立了跨地区、跨智库、跨领域联合研究机制，积极开展基层调研、理论创新、舆论引导、社会服务、教育培训等活动，为推进基层治理体系和治理能力现代化建言献策，为全面小康后的社会治理提供决策参考。

为集中展示习近平新时代中国特色社会主义思想在长三角地区尤其是在浙江省的生动实践，织里还设立了社会治理展示馆，展馆分 7 个展区 17 个单元，展示了新中国成立以来党中央对社会治理的战略部署和安排，展示了长三角地区，尤其是浙江省在省域、市域、县域和乡村治理取得的成绩和经验，展示织里对全面建成小康社会后建设"社会治理先行地、美好生活试验区"的先行先试探索，这是国内最早的以社会治理为主题的展示馆。

分析织里社会矛盾化解的体系和能力可以看出：

一是打破了社会矛盾调处的部门壁垒，"一站式"服务群众需求，更利于化解社会矛盾。理念是系统集成思维，核心是一体化办公、一站式服务、智能化管理。

二是更广泛接触汇集民意。做到了群众投诉有门，化解矛盾有期。

三是以丰富的智力支撑基层治理。杜绝了"拍脑袋"决策，每一项治理措施都有专家论证和调研基础。

### 5. 智慧大脑优化治理　绣花功夫管理城市

织里投入巨资，全面加强智慧城市建设，下大功夫在城市治理中植入智能"芯片"，精准化、智能化管理城市，大数据分析也为政府决策提供科学依据。"智慧织里"项目被列为浙江省政府 20 个智慧城市建设示范试点项目之一。该项目通过加强 5G 网络、光网、专网、云平台等基础设施建设，实施"智慧安防""智慧消防""智慧安监""智慧人口管理"等子项目，为社会治理植入"城市大脑"，探索全面迈入现代化的小康社会治理。

# 参考文献

阿尔布劳，2020. 中国新型治理超越西式民主 [N]. 参考消息，01–13.

邓先奇，2019. 新时代建设美好生活的历史唯物主义意蕴 [J]. 江汉论坛 (7)：52–56.

何玲玲，黄深钢，2014. "童装之乡"：让"微笑曲线"扬起来 [N]. 经济参考报，06–23

李培林，2014. 社会治理与社会体制改革 [J]. 国家行政学院院报 (9)：43–46.

李雪峰，2019. 防范化解社会领域重大风险的若干思考 [J]. 行政管理改革 (4)：30–37.

马晓晖，2018. 从一个镇到一座城的变迁：国家新型城镇化地方实践的织里样本 [J].
　　求是 (18)：38–40.

裘立华，马剑，吴帅帅，2018. 从改革"轻骑兵"到发展"模范生"：改革开放 40 年
　　"织里样本"观察 [N/OL]. (09–11) [2020–05–11]. http：//politics. people.
　　com. cn/n1/2018/0911/c1001–30286166. html.

陶焘，2019. 充分发挥党建对基层社会治理的引领功能 [N]. 光明日报，03–29
　　(06).

魏礼群，2017. 党的十八大以来社会治理的新进展 [N]. 光明日报，08–07 (11).

吴帅帅、马剑，2018. "小童装"闯出"大世界"——传统产业转型带动综合发展的"织
　　里样本" [N/OL]. (09–11) [2020–05–11]. http：//www. xinhuanet. com/2018–09/
　　11/c＿1123411100. htm.

向春玲，2017. 十九大关于加强和创新社会治理的新理念和新举措 [EB/OL]. (12–11)
　　[2020–05–11]. http：//theory. people. com. cn/n1/2017/1211/c40764–29697335. html.

张正宪，2010. 织里，一个名镇的转型传奇 [J]. 半月谈 (17).

# 跋

## 在织里感受美好生活

近年来，吴兴区全面贯彻落实中央和省委、市委推进基层治理现代化工作要求，全面深化基层社会治理创新实践，先后打造了浙江省首家平安实训基地、矛盾纠纷多元化解中心，在全省率先开展全科网格片区建设改革，培育了"平安大姐""老兵驿站"等在全省乃至全国都有影响力的社会组织，相关做法得到了中央和浙江省湖州市领导的充分肯定，也为进一步做好基层社会治理创新明确了方向和路径、鼓舞了干劲。吴兴区、织里镇对社会治理的探索，大致有如下方面：

### 一、坚决贯彻落实党的十九届四中全会精神、争当基层治理现代化先行地排头兵

党的十九届四中全会立足国家现代化总进程，深刻回答了"坚持和巩固什么、完善和发展什么"这个重大政治问题，提出了"三步走"的时间表和 13 个方面的具体任务，为坚持和完善中国特色社会主义制度、推进国家治理体系和治理能力现代化指明了方向。特别是社会治理方面，党的十九届四中全会通过的《中共中央关于坚持和完善中国特色社会主义制度 推进国家治理体系和治理能力现代化若干重大问题的决定》提出："必须加强和创新社会治理，完善党委领导、政府负责、民主协商、社会协同、公众参与、法治保障、科技支撑的社会治理体系，建设人人有责、人人尽责、人人享有的社会治理共同体，确保人民安居乐业、社会安定有序，

建设更高水平的平安中国。"在深入学习党的十九届四中全会和浙江省委十四届六次全会精神的基础上深入研究，开展了多轮的基层调研，吴兴区就基层社会治理工作提出了"咬定一个目标、突出五大重点、强化三大保障"的具体贯彻落实思路。

## 1. 咬定一个目标

这个目标就是：争当推进基层治理现代化先行地排头兵。具体而言就是，到 2020 年，确保实现平安吴兴"九连冠"，基本确立基层治理"吴兴标准"；到 2023 年，确保实现平安吴兴"十二连冠"、夺金鼎，基层治理"吴兴标准"更加完善，形成具有浓厚吴兴特色、可复制可推广的治理经验，宜居宜业的整体社会环境更加稳固，真正成为湖州市乃至浙江省推进基层治理现代化先行地排头兵。

## 2. 突出五大重点

（1）强化党建引领。做好党的十九届四中全会和浙江省湖州市委全会学习宣讲工作，开展"不忘初心、牢记使命"主题教育，学习领会中央和浙江省湖州市委的部署，以学习的深入和整改的成果，坚定全区广大党员干部抓好社会治理、加快赶超发展的信心决心。深化"双创双全"组织力提升工程，围绕"组织创强、队伍创优，全域提升、全面过硬"目标，加强基层党组织建设，选好用好村（社）党组织书记，发挥村（社）党组织特别是党组织书记在基层社会治理中的关键作用。提升基层党员能动性，鼓励动员更多参与村（社）、小区、楼道管理，开展"民意通"试点，就地解决矛盾纠纷。用好"局长驻点""红色联盟""民警副书记""红色网格""双联系双报到"等党建品牌，协同提升基层解决问题的能力。

（2）推动改革集成。以"最多跑一次"改革为统领，引领撬动各领域改革，并学习领会"最多跑一次"改革蕴含的方法论，开展更多改革创新，加快既有改革成果的集成落地。加大与南太湖社会治理研究院、浙江大学合作力度，用好吴兴平安学院资源，建成吴兴社会基层治理智库，构建改革推进的理论平台，强化各项工作的顶层设计，打造预防、化解、处置"三位一体"社会治理格局。出台"两代表一委员"助推信访"最多跑一次"改革实施意见，统筹推进区社会矛盾纠纷调处化解中心、区矛盾纠纷多元化解中心及分中心建设，实现信息共享、责任共担，更好实现"最多跑一次""最多跑一地"。发扬基层首创精神，鼓励基层一线结合自身实际，开展更多基层社会治理创新，推动改革向公共服务领域、法治领域延伸。

（3）抓实源头化解。进一步加强条块融合、落实扁平管理、推动关口前移，努力打造"枫桥经验"2.0版，有效提升基层防范化解风险的能力。做强诉源治理，依托全省首家矛盾纠纷多元化解中心，推动区诉讼服务中心成建制入驻，并在部分乡镇开展入驻试点，以网格片区为单位建立法官联系点，融合形成"社会调解优先、法院诉讼断后"格局。深化全科网格片区建设，为部门力量整合下沉提供平台，建立由区级部门联合带队、网格员全员参加的常态化联合巡查机制，推动问题一线发现、一线解决，更好地实现"微事不出格、小事不出村、大事不出镇"。坚持重大决策风险评估、重大风险隐患领导包案化解制度，继续强势推进"一季一整治"，全方位、项目化开展各领域风险排查化解，实现常态整治与挂牌督办有机结合。

（4）加快智慧转型。推动数字化转型，加快智慧政务、智慧服务、智慧监管、智慧民生、智慧产业五大领域建设，加强大数据、云计算、物联网、区块链、5G等技术运用，高标准打造智慧城市，切实强化基层社会治理技术支撑。加强与中国航天五院合作，建好用好区社会治理综合信息指挥中心，推动与"雪亮工程""智慧安防小区"联动融合，加快实现数据互联互通，打造全区性预警预测预防平台。全面铺开"智慧安监"，大力开展"宿舍革命"，加强安全生产事故、火灾事故隐患排查防控。更多聚焦群众关心问题，加大技术性研发和集成使用，打造更多类似"防诈热线"的一体化打防管控平台，用技术手段解决技术犯罪。

（5）深化"三治融合"。发挥自治、法治、德治叠加效应，全力构建各方力量广泛参与的基层社会治理大格局。全面加强基层民主法治建设，用好街道议政会、"请你来协商"平台等载体，完善乡规民约、行业规章、团体章程，充分调动人大代表、政协委员和普通群众开展民主监督、参与自我管理的积极性。加强社会组织培育，打造更多的"吴美丽工作室""平安大姐""老兵驿站"，发挥社会组织在基层社会治理中的联动作用。全面加强志愿者队伍建设管理，完善志愿服务激励机制，形成同频共振。

### 3. 强化三大保障

（1）强化制度保障。吴兴将把制度建设作为保障基层治理工作的重点，并出台相关决定。同时，按照中央和省市最新精神，全面梳理近年来吴兴在基层社会治理领域的创新做法，以制度的形式将其进行固化。

（2）强化力量保障。省委全会指出，要加快形成齐抓共建的治理格局，坚持五级同抓，各个层级都要找准自己的定位、负起应负的责任。吴兴区固化"三服务"活动载体，进一步细化相关政策，更好地落实区、镇两级力量下沉和村（社）资源整合，不断充实基社会层治理工作力量。加快区平安实训基地迁建速度，努力提升平安建设队伍特别是全科网格员整体素质，强化问题检出、一线解决能力。用好人才新政，加大专业人才招引，努力为吴兴基层社会治理输送专业力量。

（3）强化激励保障。严格落实好中央和省市委全会精神，为基层治理工作提供必要的激励保障。加大基层治理领域资金保障力度，进一步保障相关项目建设与培训资金，细化完善相关领域"以奖代补"政策。将基层治理领域作为使用考察干部的"大考场"，注重在一线发现干部，进一步畅通身份转化与提拔使用通道。加大正面宣传力度，推出一批身边可敬可学的榜样典型，形成示范带动效应。

## 二、全力支持织里建设"社会治理先行地 美好生活试验区"

近年来，织里镇在省市区三级的关心指导和自身的不懈努力下，实现了由乱到治的巨大转变，经济社会发展再次迈上了新的台阶，得到了上级领导和群众的一致好评。在此基础上，浙江省委、湖州市委对织里又提出了"社会治理先行地美好生活试验区"的建设目标，要求织里在全面建成小康社会上先行一步，努力为全市、全省乃至全国提供微观样本。区委对此高度重视，多次与织里镇进行专题研究。建设"社会治理先行地 美好生活试验区"，其实就是在践行习近平总书记"发展是硬道理，稳定也是硬道理，抓发展、抓稳定两手都要硬"的科学论断，就是对经济社会的高质量发展的不懈坚持和追求，就是在积极满足人民群众对美好生活的向往。基于这样的认识，将做好以下五个方面的工作：

**1. 加快产业转型升级**

历史上的织里，因产业而兴、因产业而名。织里发展的进程，其实就是产业转型的过程；织里要实现进一步发展，也必须要将产业转型升级作为基础。未来的织里，重点要做好三件事情：

（1）让传统产业强起来。既要继续抓好"低散乱"童装企业的淘汰出清，也要按照市场规则，加快集聚发展、上规升级。近期，我们将重点招引一批上市企业，前期也已经看到了成效，海澜之家旗下的男生女生童装总部已经正式签约。后续，将努力培养本土的童装上市企业，并将借助"一带一路"倡议，加速童装走出去。同时，还要加快金属新材料等织里的"大块头"传统产业科技注入，实现真正的特种化、数字化。

（2）让新兴产业冒出来。当前，织里镇能拿得出手的就是以东尼电子、久鼎电子为代表的电子信息产业，但总量还不够大、产业还比较单一。后续，要在培育引导新兴产业上下功夫，让织里镇成为真正的科技成果孵化转化高地。

（3）让发展土壤肥起来。重点做好制度供给、政策供给、要素供给、人才供给等工作，并适当向织里镇倾斜，不断优化织里镇乃至全区的营商环境、创业创新环境，为织里镇发展提供坚强保障。

**2. 持续提升城市能级**

由镇向城转变，是织里镇一贯的发展态势，也是今后必然的结果。未来的织里，在提升城市能级上重点要做好三件事情：

（1）继续扩容镇区。现在的织里镇，虽然有 25 平方千米的建成区面积，从面积上来说，的确已经远超一个正常乡镇。但因其人口密度也过大的原因（是杭州主城区的 3 倍），且从全区的层面来讲，未来的希望是将织里镇与东部新城、与中心城区完全连接起来，共同打造一个百万级人口的中心城区。所以，今后的织里镇区的城市框架还要继续拉开。

（2）提升城市品质。织里镇有了城的形态，但公共服务配套还是一个镇的水平，或者处于镇和城之间的中间形态。后续，既要加大公建配套建设力度，也要深化城市精细化管理，还要做好村社融合的文章。

（3）大力发展农村。织里镇当前的发展重心在镇区和周边村，但全镇北侧临太湖沿线村的发展明显落后，除义皋等个别村外，整体的美丽乡村建设水平不高。后续，应将打造提升太湖沿线村庄的工作摆到更加重要的位置上来，做足太湖文章、溇港文章，加快文旅产业发展，将当前的短板变成以后进一步提升织里特色和吸引力的重要资源和依托。同时，要依托全国乡村治理示范点建设，加快探索乡村善治之路。

### 3. 深化新老居民融合

新老居民融洽与否，是决定织里经济社会发展稳定与否的重要因素。随着织里未来发展的不断向好，更要高度重视新老居民融合的问题，做好三个方面的工作：

（1）深化培育共同价值观。要真正实现彻底的新老居民融合，就必须首先培育高度一致的价值观。在深入培育践行社会主义核心价值观的基础上，进一步树立和弘扬"敢想敢为、创新创强、开放开明"的织里精神，抓实抓细承载和宣传织里精神的载体，提升新老居民对织里的认可度和向心力。

（2）实现公共服务均等化。以教育和医疗这两块与新居民关系最密切的公共服务为例，虽然这几年织里镇持续加大教育投入，也多次就新农合异地即时结报的问题与流动人口输出地开展协商，但仍然无法完全满足新居民子女就读公办学校的诉求，也无法实现所有在织新居民的即时结报问题。后续，吴兴区继续支持织里的教育、医疗等公共服务事业，比如投资额达 8 亿元的吴兴人民医院就已经落户织里，吴兴实验小学也在织里。同时，也将会同织里，积极向上级争取落实流动人口"费随人转"改革。

（3）打造社会治理共同体。党的十九届四中全会提出，要建设人人有责、人人尽责、人人享有的社会治理共同体。对于织里来说，应该理解为更加广义的社会治理共同体，也就是在鼓励动员在织新居民参与社会治理的基础上，进一步畅通与流动人口输出地的沟通联系，共同做好社会治理工作。

**4. 强化社会治理创新**

社会治理是一个矛盾运动的过程，也是一个与时俱进的过程。要解决社会治理中出现的矛盾问题，就必须坚持改革导向，创新手段方式。就织里而言，重点要加强三个方面的创新：

（1）治理思维创新。要根据最新理论成果，加快从应急治理向法治治理、常态治理的转变，加快从碎片化治理向系统化、集成化治理的转变，加快从政府主导型治理向多元主体参与型治理转变。

（2）治理基础创新。要落实更大范围、更大力度的力量下沉，特别是专业部门力量，要更多地走出办公室，常态化地驻点最基层。这方面，吴兴区已经在全区面上探索了全科网格片区建设、矛盾多元化解中心分中心建设等，为区、镇两级力量下沉提供了平台。对于织里来讲，要借助这样的载体，让更多的力量下沉到片区、村社甚至网格。

（3）织里模式创新。重点是推动社会治理领域"最多跑一次"和"最多跑一地"改革，核心是全面铺开数字化运用。这方面，织里镇已有一定探索，相关的硬件建设、软件开发也走在全区乃至全市前列，比如智慧织里建设、智慧用水、智慧用电、智慧安监等。后续，要根据问题导向，更多地开发运用相关手段载体，扩大覆盖面。

**5. 做大做强社会组织**

社会组织是经济社会发展到一定程度的必然产物。按照织里镇的整体经济实力和人均可支配收入，其实已经实现甚至超越了小康社会的标准，社会组织培育的土壤相对肥沃。同时，由于大体量人口与小体量政府之间的矛盾，织里镇政府也迫切需要社会组织更多参与社会治理甚至其他一般性工作。因此，织里镇应该将做大做强社会组织作为重要工作，具体从以下三个方面着手：

（1）出台更大力度的鼓励政策。区民政局等相关部门将会同织里镇，做好对接指导工作。

（2）支持已有社会组织更好开展工作。比如"平安大姐""老兵驿站"，包括各类异地商协会，既要宣传好，更要指导好，还要引导好。

（3）强化日常管理。将社会组织始终置于党的领导和管理之下，制定社会组织准入清单，哪些事情社会组织可以参与进来等，都要进行明确。同时，要加强社会组织党建工作，确保基层党组织应建尽建，更好地发挥党组织的作用。

（根据南太湖社会治理研究院《织里之治》编写组访谈吴兴区委、区政府主要负责人实录整理）

# 后记

　　本书顺利出版得到了浙江省、湖州市、吴兴区和织里镇党委政府、干部群众、企业负责人和社会治理工作者的大力支持！尤其是我国著名党建理论专家、战略问题研究学者、国家治理理论权威人士、中央党校原副校长李君如和浙江大学原党委副书记、我国区域发展问题研究专家周谷平在百忙之中为本书撰写了序言。

　　为提高本书学术价值，我们精选、转载了国内外社会治理领域著名专家的部分成果。他们是：国务院研究室原主任魏礼群，中央党校原副校长李君如，英国社会科学院荣誉院士马丁·阿尔布劳，中国人民大学教授宋建武，华中科技大学国家治理研究院院长欧阳康，中国科学院科技战略咨询研究院副院长樊杰，湖北中医药大学马克思主义学院副教授邓先奇等。我们对 2019 年 11 月 18 日织里"中国治理的世界意义"国际论坛中部分专家的重要文章、观点也进行了选择收录。

　　本书在编撰、资料收集过程中，参考了部分权威媒体的报道，他们大多在庆祝改革开放 40 周年期间，深入织里调研采访，形成了一批精品力作。

　　特向长期关心、关注和研究织里社会治理的各界领导、专家表示诚挚感谢！

　　感谢中国农业出版社胡乐鸣总编辑，中国农业出版社期刊分社张丽四社长及编辑们为本书出版付出的辛勤劳动！感谢本院各位特聘研究员、专家深入基层调研，深入实际思考，形成智库成果，提供并编辑、核校文字、图片和视频资料。

　　编写本书，既是我院智库研究、学术交流工作的延伸，也是智库咨政建言、服务党和国家大局、服务基层社会治理的一种实现形式。在此过程中，我们也在不断学习、加深认识。由于水平有限，书中不妥之处，欢迎读者批评指正。

南太湖社会治理研究院《织里之治》编写组

2020 年 5 月

**图书在版编目（CIP）数据**

织里之治：全面小康后社会治理密码 / 南太湖社会
治理研究院编著 . —北京：中国农业出版社，2020.5
　　ISBN 978-7-109-26852-4

　　Ⅰ. ①织…　Ⅱ. ①南…　Ⅲ. ①社会管理－研究－湖州
Ⅳ. ①D675.53

　　中国版本图书馆 CIP 数据核字（2020）第 079189 号

---

中国农业出版社出版

地址：北京市朝阳区麦子店街 18 号楼
邮编：100125
责任编辑：张丽四　贾　彬　　文字编辑：王玉水　冯英华　蔡雪青
版式设计：王　晨　　责任校对：吴丽婷　　责任印制：王　宏
印刷：北京通州皇家印刷厂
版次：2020 年 5 月第 1 版
印次：2020 年 5 月北京第 1 次印刷
发行：新华书店北京发行所
开本：700mm×1000mm　1/16
印张：11.25　　插页：18
字数：180 千字
定价：90.00 元

---

织里成立了全国首家社会治理展馆，集中展示了长三角地区，尤其是浙江省推进治理体系和治理能力现代化的实践与探索

吴美丽（右）在介绍工作室情况

"平安大姐"徐维丽（左）和工人谈心

"四色民情"档案是党组织精细领导社会治理的创新载体

老兵警长陈建如（中）了解社会治安情况

王金法坚持播音50多年，把党的声音传播到千家万户

车间好声音，成为务工人员的心灵伙伴

公安指挥中心实现城市管理智能化

普及消防安全知识

"织里·知礼"弘扬社会新风

义皋古村被列入中国传统村落和浙江省历史文化保护村落名录

割稻谷比赛，丰富农民精神生活

"百善孝为先"，优秀传统文化在织里形成良好社会氛围

织里刺绣，传承千年丝绸文化

形式新颖的织里儿童读书会

"非遗"传人进课堂，传授织里剪纸技艺

"尊师重教"，织里教师节晚会"园丁"成主角

织里彩跑节跑出了"时尚"和"健康"

从海外聘请的教练，在带领织里的孩子们上足球课

织里的美好生活，让每个人都有"获得感"